T0128052

essentials

essentials liefern aktuelles Wissen in konzentrierter Form. Die Essenz dessen, worauf es als „State-of-the-Art" in der gegenwärtigen Fachdiskussion oder in der Praxis ankommt. *essentials* informieren schnell, unkompliziert und verständlich

- als Einführung in ein aktuelles Thema aus Ihrem Fachgebiet
- als Einstieg in ein für Sie noch unbekanntes Themenfelda
- als Einblick, um zum Thema mitreden zu können

Die Bücher in elektronischer und gedruckter Form bringen das Fachwissen von Springerautor*innen kompakt zur Darstellung. Sie sind besonders für die Nutzung als eBook auf Tablet-PCs, eBook-Readern und Smartphones geeignet. *essentials* sind Wissensbausteine aus den Wirtschafts-, Sozial- und Geisteswissenschaften, aus Technik und Naturwissenschaften sowie aus Medizin, Psychologie und Gesundheitsberufen. Von renommierten Autor*innen aller Springer-Verlagsmarken.

Weitere Bände in der Reihe http://www.springer.com/series/13088

Stefan Mierowski

Datenschutz nach DS-GVO und Informationssicherheit gewährleisten

Eine kompakte Praxishilfe zur Maßnahmenauswahl: Prozess ZAWAS 4.0

 Springer Vieweg

Stefan Mierowski
Lehrte, Deutschland

ISSN 2197-6708   ISSN 2197-6716   (electronic)
essentials
ISBN 978-3-658-33469-7   ISBN 978-3-658-33470-3   (eBook)
https://doi.org/10.1007/978-3-658-33470-3

Die Deutsche Nationalbibliothek verzeichnet diese Publikation in der Deutschen Nationalbibliografie; detaillierte bibliografische Daten sind im Internet über http://dnb.d-nb.de abrufbar.

Planung/Lektorat: Petra Steinmueller
Springer Vieweg ist ein Imprint der eingetragenen Gesellschaft Springer Fachmedien Wiesbaden GmbH und ist ein Teil von Springer Nature.
Die Anschrift der Gesellschaft ist: Abraham-Lincoln-Str. 46, 65189 Wiesbaden, Germany

Was Sie in diesem *essential* finden können

- Begriffsdefinitionen für Datenschutz und Informationssicherheit
- Vergleich der Herausforderungen der DS-GVO mit denen der Informationssicherheit am Beispiel vom IT-Grundschutz und der ISO 27000 Familie
- Konkretisierung der Anforderungen der DS-GVO an die technischen und organisatorischen Maßnahmen zur angemessenen Risikoreduzierung
- Der Prozess ZAWAS als konkrete Handlungsanweisung zur Auswahl angemessener Sicherungsmaßnahmen im Datenschutz
- Prüfung der Übertragbarkeit der Vorgehensweise des Prozesses ZAWAS auf die Informationssicherheit

Ziel dieses Werkes

Die Anforderungen an Datenschutz und Informationssicherheit nehmen stetig zu. Die Frage, in welchem Verhältnis Informationssicherheit und Datenschutz zueinanderstehen, gewinnt dabei immer mehr an Bedeutung. Der Beitrag untersucht die Frage, ob für die Ermittlung von angemessenen Sicherungsmaßnahmen ein gemeinsamer Prozess sowohl für den Datenschutz als auch für die Informationssicherheit genutzt werden kann. Ausgangspunkt der Betrachtung ist der im Datenschutz etablierte Prozess ZAWAS, der umfassend dargestellt wird.

Vorwort

„Man muss die Dinge so einfach wie möglich machen. Aber nicht einfacher."
(Albert Einstein)

Nach diesem Motto habe ich einen Prozess entworfen, der Grundlage für meine Schulungen zum technisch-organisatorischen Datenschutz sein sollte. Er musste als Rahmen dienen können, anhand dessen ich alle wesentlichen Fragen zu technischen und organisatorischen Maßnahmen beantworten wollte. Dieser Prozess sollte für kleine und große Institutionen, für Unternehmen und Behörden, für einfache und komplexe Verfahren geeignet sein. Außerdem musste er massentauglich sein, da Institutionen oftmals zwischen 50 und 150 Geschäftsprozesse haben, die entsprechend abzusichern sind. Das dabei ein symmetrischer Prozess beginnend mit vier Hauptschritten, vier eingebetteten Unterschritten und anschließend wieder vier Hauptschritten entstanden ist, fand ich erstaunlich. Ein so formschöner Prozess muss doch gute Ergebnisse bringen!

Weshalb hat der Prozess diesen außergewöhnlichen Namen? Es war mir wichtig, dass der Prozess einen Namen bekommt, damit man ihn konkret benennen kann. Da ich vorher im IT-Management der Steuerverwaltung gearbeitet hatte und wir dort für alle wesentlichen Verfahren Akronyme benutzten, war für mich ein Akronym gesetzt. Schon war der Name „Prozess zur Auswahl angemessener Sicherungsmaßnahmen, kurz Prozess ZAWAS genannt, geboren.

Da sich der Prozess in meinen Schulungen bewährt hat und ich an ihm die wesentlichen Anforderungen an den technisch-organisatorischen Datenschutz erklären konnte, habe ich ihn auch für meine Beratungen genutzt. Dann hatte ich mir gedacht, in der Struktur, nach der ich berate, kann ich auch prüfen.

Somit wurde der Prozess ZAWAS meine Grundlage für Schulung, Beratung und Prüfung zu Fragen des technisch-organisatorischen Datenschutzes.

Um den Zugang auch anderen Personen zu diesem Prozess zu erleichtern, habe ich mich entschlossen, dieses Buch zu schreiben (außerdem hat mich die Corona-Zeit in diesem Beschluss bestärkt). Basis sind die Schulungsunterlagen, die ich im Rahmen meiner Tätigkeit bei der Landesbeauftragen für den Datenschutz Niedersachsen (LfD) für meine Schulungen entwickelt habe. Sie stehen auf der Internetseite der LfD bereit. Diese Folien sind ein guter Ausgangspunkt, um sich dem Thema des technisch-organisatorischen Datenschutzes zu nähern. Weitergehende Ausführungen in diesem Buch sollen die Verständlichkeit erhöhen. **Diese Ausführungen sind meine private Veröffentlichung und sie geben meine persönliche Meinung, Einschätzung und Bewertung wieder.**

Durch meine ehemalige Tätigkeit beim Bundesamt für Sicherheit in der Informationstechnik (BSI) habe ich eine besondere Verbundenheit zur Informationssicherheit gewonnen. Was lag da näher, als in einem weiteren Schritt eine gemeinsame Vorgehensweise für den Datenschutz und die Informationssicherheit bei der Auswahl angemessener Sicherungsmaßnahmen zu gestalten.

Ich hoffe, dass Ihnen diese Praxishilfe einen Einstieg in das Thema bietet und sie auch eine Zeitlang begleitet und unterstützt.

Stellvertretend für alle, die mich bei der Entwicklung und Verbreitung des Prozesses ZAWAS inspiriert und unterstützt haben, möchte ich mich bei meiner Frau Birgit bedanken.

Lehrte   Stefan Mierowski
im Februar 2021

Inhaltsverzeichnis

Abkürzungsverzeichnis

(Abkürzung)	Abkürzungsbezeichnung
AktG	Aktiengesetz
Abs.	Absatz
Art.	Artikel
BSI	Bundesamt für Sicherheit in der Informationstechnik
BSIG	BSI-Gesetz
DSFA	Datenschutz-Folgenabschätzung
DSK	Datenschutzkonferenz
DS-GVO	Datenschutz-Grundverordnung
EW	Erwägungsgrund
GmbHG	Gesetz betreffend die Gesellschaften mit beschränkter Haftung
HGB	Handelsgesetzbuch
IEC	Internationale Elektrotechnische Kommission
IKT	Informations- und Kommunikationstechnik
ISO	Internationale Organisation für Normung
LfD Niedersachsen	Die Landesbeauftragte für den Datenschutz Niedersachsen
lit.	Litera
MaRisk	Mindestanforderungen an das Risikomanagement
NDIG	Niedersächsisches Gesetz über digitale Verwaltung und Informationssicherheit
NIS-Richtlinie	EU-Richtlinie zur Netzwerk- und Informationssicherheit
Prozess ZAWAS	Prozess zur Auswahl angemessener Sicherungsmaßnahmen

SDM   Standard-Datenschutzmodell
SOX   Sarbanes-Oxley Act
TOM   Technisch-organisatorische Maßnahmen

Abbildungsverzeichnis

Tabellenverzeichnis

Ausgangslage: Anforderung der Digitalisierung 1

Durch eine fortschreitende Digitalisierung vollzieht sich zurzeit eine tiefgreifende Veränderung in unserer Gesellschaft. Wir erleben einen technologischen Wandel hin zur Informationsgesellschaft. Der hiermit einhergehende Strukturwechsel führt zu einer Durchdringung aller Lebensbereiche mit Informations- und Kommunikationstechnik. Die Digitalisierung verändert vielfältige Lebensbereiche und beeinflusst auch das Wirtschaftsleben. Sie ist Basis für neue „digitale Geschäftsmodelle" und ihre wirtschaftliche Bedeutung wird weiter zunehmen. Bekannte Geschäftsmodelle werden durch internetbasierte Dienste verdrängt. Um im globalen Wettbewerb bestehen zu können, sind disruptive Geschäftsmodelle schnell zu adaptieren. Disruptive Technologien haben nicht nur Einfluss auf die Technologie selbst, sondern sie verändern auch den Menschen und sein Verhalten.

Ohne den Einsatz von Informationstechnik kann ein Unternehmen immer weniger im Wettbewerb erfolgreich existieren. Auch bei der Modernisierung der öffentlichen Verwaltung spielt die Informationstechnologie eine zunehmend wichtiger werdende Rolle. Auf dem Weg zur Informationsgesellschaft nimmt die Qualität und Quantität der Information immer weiter zu und der Geschäftserfolg wird immer abhängiger von der Bereitstellung von Informationen. Datenschutz und Informationssicherheit spielen bei der Digitalisierung eine bedeutende Rolle. Die fehlende Verfügbarkeit der Informations- und Kommunikationstechnik, der unkontrollierte Abfluss und die Manipulation von Daten können für ein Unternehmen, für Behörden oder den Bürger[1] schwere Schäden nach sich ziehen.

---

[1]Im Sinne einer besseren Lesbarkeit wird in diesem Dokument stets die männliche Form verwendet und gilt für beide Geschlechter.

© Der/die Autor(en), exklusiv lizenziert durch Springer Fachmedien
Wiesbaden GmbH, ein Teil von Springer Nature 2021
S. Mierowski, *Datenschutz nach DS-GVO und Informationssicherheit
gewährleisten*, essentials, https://doi.org/10.1007/978-3-658-33470-3_1

Darstellung der Informationssicherheit und des Datenschutzes

2

In unserer heutigen Gesellschaft hat die Informations- und Kommunikationstechnologie (IKT) eine derart hohe Bedeutung erlangt, dass von einem vierten Wirtschaftssektor, der Informationswirtschaft, gesprochen werden kann. Die zukünftige Entwicklung dieses quartären Wirtschaftssektors wird auch als eigenständiger Produktionsfaktor bezeichnet, dessen zukünftige Bedeutung weiter zunehmen wird.[1] Die Qualität und die Quantität der Informationen hat mit Beginn der Informationsgesellschaft in bisher ungeahntem Ausmaß zugenommen. Die Bedeutung der ort- und zeitunabhängigen Verfügbarkeit von Informationen entwickelt sich rasant weiter.[2]

Die derzeitige Bundesregierung sieht Daten als Rohstoff, der Innovationen und neue Dienste ermöglicht. Sie beabsichtigt, den „hohen und weltweit angesehenen Datenschutzstandard" Europas und Deutschlands zu halten.[3] In der aktuellen Umsetzungsstrategie der Bundesregierung zur Gestaltung des digitalen Wandels ist die Sicherheit ein Querschnittsthema, da sie Voraussetzung für eine nachhaltige und erfolgreiche Digitalisierung ist.[4] In unterschiedlichen Handlungsfeldern wird die Informationssicherheit als Voraussetzung für die Umsetzung des digitalen Wandels aufgeführt. Die Datenschutzkonferenz[5] sieht eine Weiterentwicklung

---

[1] Kollmann, T., E-Business kompakt, 2019, Seite 9.

[2] Wirtz, B., Electronic Business, 2016, Seite 14.

[3] Koalitionsvertrag zwischen CDU, CSU und SPD – 18. Legislaturperiode, Seite 42, 2018.

[4] Digitalisierung gestalten – Umsetzungsstrategie der Bundesregierung, Seite 5, aktualisierte Ausgabe September 2019.

[5] Die Datenschutzkonferenz besteht aus den unabhängigen Datenschutzaufsichtsbehörden des Bundes und der Länder. Sie hat die Aufgabe, die Datenschutzgrundrechte zu wahren und zu schützen, eine einheitliche Anwendung des europäischen und nationalen Datenschutzrechts zu erreichen und gemeinsam für seine Fortentwicklung einzutreten.

© Der/die Autor(en), exklusiv lizenziert durch Springer Fachmedien Wiesbaden GmbH, ein Teil von Springer Nature 2021
S. Mierowski, *Datenschutz nach DS-GVO und Informationssicherheit gewährleisten*, essentials, https://doi.org/10.1007/978-3-658-33470-3_2

des Datenschutzes für den Bereich des Datenschutzes durch Technik in der DS-GVO verwirklicht.[6] Um auf die fortschreitende Digitalisierung zu reagieren, ist die Gewährleistung der Persönlichkeitsrechte unabdingbar und wesentliche Voraussetzung für deren Gelingen.[7]

2.1   Allgemeine Bedeutung

Häufig werden Informationssicherheit und Datenschutz als Synonym genutzt oder als zwei Seiten einer Medaille bezeichnet. Um das Verhältnis der beiden Disziplinen miteinander vergleichen zu können, ist zuerst ein Verständnis des jeweiligen Begriffs notwendig. Der Schwerpunkt der Darstellung liegt auf dem Teil der jeweiligen Disziplin, der die Methodik zur Auswahl der Sicherungsmaßnahmen beschreibt. Darüber hinaus gehende Unterschiede und Gemeinsamkeiten sind nicht Gegenstand der Betrachtung. Es wird nicht die Verschmelzung eines Informationssicherheitsmanagements mit einem Datenschutzmanagement untersucht.

Im Focus dieses Beitrages stehen bei der Informationssicherheit die ISO 27000 Familie und der BSI-Grundschutz, für Fragen des Datenschutzes wird auf die DS-GVO abgestellt. ISO-Normen zum Datenschutz sind nicht Gegenstand der Betrachtung.

2.2   Standards zur Informationssicherheit

Der Begriff IT-Sicherheit umfasst in erster Linie nur die Sicherheit digitaler bzw. elektronischer Informationen, deren Speicherung und Weiterverarbeitung. Dagegen ist mit Informationssicherheit der Schutz aller Informationen umfasst, neben den digitalen Informationen auch die auf Papier oder die in den Köpfen der Mitarbeiter vorhandenen Informationen. Der IT-Grundschutz unterscheidet nicht mehr nach dem Medium, in der die Information vorliegt, sondern betrachtet den Schutz der Information in seiner Gesamtheit als Informationssicherheit.[8] Deshalb wird in diesem Beitrag ausschließlich auf die Informationssicherheit abgestellt.

---

[6]DSK-Entschließung „Stärkung des Datenschutzes in Europa – nationale Spielräume nutzen", 2016.

[7]DSK-Entschließung „Göttinger Erklärung vom Wert der des Datenschutzes in der digitalen Gesellschaft", 2017.

[8]BSI-Standard 200-2, Kap. 2.5.

Im Bereich der Informationssicherheit haben sich unterschiedliche Normen und Standards entwickelt. In den beiden folgenden Unterkapiteln werden der in Deutschland weit verbreitete Standard des IT-Grundschutzes und die internationalen Normen der ISO 27000 Familie betrachtet.

2.2.1 BSI-Grundschutz

Das Bundesamt für Sicherheit in der Informationstechnik (BSI) hat vor mehr als 25 Jahren als ganzheitliche Konzeption zur Umsetzung der Informationssicherheit den IT-Grundschutz herausgebracht. Ziel ist der Aufbau eines erfolgreichen Informationssicherheitsmanagements, um eine angemessene Informationssicherheit in Behörden und Unternehmen umzusetzen. Der IT-Grundschutz kann als De-Facto-Standard in Deutschland bezeichnet werden.

Die BSI-Standardreihe ist das Fundament des IT-Grundschutzes und empfiehlt Methoden, Prozesse und Verfahren sowie Vorgehensweisen und Maßnahmen zu unterschiedlichen Aspekten der Informationssicherheit. Die Standards werden regelmäßig angepasst und die ersten drei Bände lösen seit Oktober 2017 die BSI-Standards der Reihe 100-x ab:

- BSI-Standard 200-1: Dieser Standard nennt die grundlegenden Anforderungen an ein Informationssicherheitsmanagementsystem.
- BSI-Standard 200-2: In diesem Standard wird der Aufbau eines Informationssicherheitsmanagementsystems konkret dargestellt.
- BSI-Standard 200-3: Gegenstand dieses Standards ist die Beschreibung einer Risikoanalyse.
- BSI-Standard 100-4: In dem aktuell noch nicht abschließend überarbeiteten Standard (zurzeit Draft-Version) ist die Methodik zur Einrichtung und Durchführung eines behörden- und unternehmensweiten Notfallmanagement erläutert.

Das IT-Grundschutz-Kompendium hat den IT-Grundschutzkatalog-Katalog abgelöst und enthält eine Bausteinsammlung, die jeweils ein spezifisches Thema behandelt. Hierbei werden neben den IT-spezifischen auch die organisatorischen, personellen und infrastrukturellen Aspekte der Informationssicherheit betrachtet. Ziel des IT-Grundschutzes ist der Schutz der Informationen. Als Grundwerte gelten Vertraulichkeit, Integrität (Unverfälschtheit) und Verfügbarkeit.[9] Es sind

---

[9]BSI-Standard 200-1, Kap. 2.

sowohl sensible Daten der Institution zu schützen als auch personenbezogene Daten.[10]

2.2.2 ISO 27000 Familie

Die Standards der Internationalen Organisation für Normung (ISO) und der Internationalen Elektrotechnischen Kommission (IEC) zur Informationssicherheit werden in der ISO 27000 Familie behandelt. Eine Auswahl hiervon wird in der Folge kurz dargestellt, darüber hinaus ist die ISO 27000 Familie deutlich umfangreicher:

- ISO/IEC 27000: Diese Norm gibt einen Überblick über Informationssicherheitsmanagementsysteme und definiert Begriffe. Außerdem gibt sie einen Überblick über die ISO 27000 Familie.
- ISO/IEC 27001: In dieser Norm sind Regelungen zum Aufbau und Betrieb eines Informationssicherheitsmanagementsystems enthalten. Auf dieser Basis ist auch eine Zertifizierung möglich. Diese internationale Norm wurde auch als deutsche Norm unter DIN ISO/IEC 27001 übernommen.
- ISO/IEC 27002: Diese Norm konkretisiert die in der ISO/IEC 27001 aufgeführten Maßnahmen zum Aufbau und Betrieb eines Informationssicherheitsmanagements.
- ISO/IEC 27005: Die Norm behandelt das Risikomanagement für den Bereich der Informationssicherheit.

Ziel dieser internationalen Normen-Familie ist die Festlegung der „Anforderungen für die Einrichtung, Umsetzung, Aufrechterhaltung und fortlaufende Verbesserung eines Informationssicherheitsmanagements". Das Informationsmanagement muss die Vertraulichkeit, Integrität und Verfügbarkeit von Informationen unter Risikoerwägungen wahren.[11] Bestandteil der Informationssicherheit nach ISO ist auch die „Privatsphäre und Schutz von personenbezogener Information".[12]

---

[10]BSI-Standard 200-2, Kap. 3.2.2 und 3.2.3.

[11]DIN ISO/IEC 27001, Abschn. 0.1.

[12]DIN ISO/IEC 27001, Anhang Nr. A 18.1.4.

2.3 Datenschutz

Kern des Datenschutzrechts ist die Datenschutz-Grundverordnung (DS-GVO), die seit dem 25.05.2018 gilt und die die über 20 Jahre alte Datenschutzrichtlinie (DSRL) 95/46/EG ablöst. Die DS-GVO bildet den allgemeinen Rechtsrahmen und wirkt als EU-Verordnung direkt in den Mitgliedstaaten und ist nicht mehr in nationales Recht umzusetzen. Ergänzt wird sie in Deutschland durch das Bundesdatenschutzgesetz, die jeweiligen Landesdatenschutzgesetze und die entsprechenden Fachgesetze (beispielsweise SGB, AO, u. a.) mit Regelungen zum Datenschutz. Daneben gibt es noch bereichsspezifische Datenschutzvorschriften für Strafverfolgungsbehörden, wie beispielsweise Polizei und Justiz. Für die Betrachtung des Datenschutzes wird aufgrund ihres allgemeinen Regelungscharakters und ihrer umfassenden Bedeutung in diesem Buch auf die DS-GVO abgestellt.

Ziel und Gegenstand der DS-GVO ist gem. Art. 1 Abs. 1 der Schutz der natürlichen Personen bei der Verarbeitung ihrer personenbezogenen Daten und die Gewährleistung des freien Verkehrs dieser Daten. Der Schutz der Verarbeitung der eigenen personenbezogenen Daten ist ein Grundrecht, dass in Art. 8 Abs. 1 der Charta der Europäischen Grundrechte geregelt ist.[13] Personenbezogene Daten sind nach Art. 4 Nr. 1 DS-GVO alle Informationen, die sich auf eine identifizierte oder identifizierbare natürliche Person beziehen.

---

[13]EW 1 DS-GVO.

Der Prozess zur Auswahl angemessener Sicherungsmaßnahmen (ZAWAS)

3

Eine der zentralen Regelungen der DS-GVO ist die Verpflichtung des Verantwortlichen bei der Auswahl geeigneter angemessener technischer und organisatorischer Maßnahmen das Verarbeitungsrisiko auf ein angemessenes Schutzniveau zu reduzieren. Technische und organisatorische Maßnahmen können beispielsweise das Sperren des Bildschirms oder das Schließen eines Fensters oder der Tür beim Verlassen des Büros sein.

Die DS-GVO hat an unterschiedlichen Stellen Anforderungen an die technischen und organisatorischen Maßnahmen formuliert, ohne dabei eine Methode zur Ermittlung der Maßnahmen festzulegen. Anforderungen zur Auswahl der Maßnahmen (Wie sind die Maßnahmen zu ermitteln, nach welchen Kriterien?) werden insbesondere in den Art. 5, 24, 25 und 32 DS-GVO genannt. In Art. 5 DS-GVO sind die Grundsätze für die Verarbeitung personenbezogener Daten enthalten und in Abs. 1 lit. f wird als fundamentale Anforderung eine angemessene Sicherheit bei der Verarbeitung dieser Daten gefordert. Diese Anforderungen werden in der DS-GVO in Art. 24 „Verantwortung des für die Verarbeitung Verantwortlichen", in Art. 25 „Datenschutz durch Technikgestaltung und durch datenschutzfreundliche Voreinstellungen" und in Art. 32 „Sicherheit der Verarbeitung" weiter konkretisiert. Der Verantwortliche muss gem. Art. 5 Abs. 2 DS-GVO nachweisen, dass er dieser Verpflichtung durch die Prüfbarkeit der Unterlagen im Rahmen der Rechenschaftspflicht nachkommt. Durch diese Nachweispflicht werden hohe Anforderungen an die Dokumentationspflicht gestellt. Die Dokumentation der Auswahl der technischen und organisatorischen Maßnahmen ist ein weiteres Kernelement, dass durch die DS-GVO normiert ist. Deshalb sollten Auswahl-, Abwägungs- und Ermessensentscheidungen dokumentiert und begründet werden, um diesen Dokumentationspflichten nachzukommen.

© Der/die Autor(en), exklusiv lizenziert durch Springer Fachmedien
Wiesbaden GmbH, ein Teil von Springer Nature 2021
S. Mierowski, *Datenschutz nach DS-GVO und Informationssicherheit
gewährleisten*, essentials, https://doi.org/10.1007/978-3-658-33470-3_3

Die Anforderungen an die Ermittlung angemessener Maßnahmen ergeben sich wie folgt aus der DS-GVO:

- Art. 24 Abs. 1 DS-GVO: verpflichtet den Verantwortlichen zu einem risikobasierten Vorgehen bei der Ermittlung der Maßnahmen. Weiterhin hat er die Rahmenbedingen der Verarbeitung in Form der Art, des Umfangs, der Umstände und der Zwecke der Verarbeitung zu berücksichtigen. Zusätzlich ist die Umsetzung der Maßnahmen zu dokumentieren, damit diese überprüft werden können und als Nachweis eines datenschutzkonformen Betriebs einer Verarbeitungstätigkeit dienen.

- Art. 25 Abs. 1 DS-GVO: neben dem risikobasierten Vorgehen unter Berücksichtigung der Rahmenbedingungen der Verarbeitung wird der Verantwortliche verpflichtet, angemessene Sicherungsmaßnahmen auszuwählen und hierbei den Stand der Technik zu berücksichtigen. Zusätzlich können auch die Implementierungskosten einfließen. Ausdrücklich wird darauf hingewiesen, dass nicht nur der Betrieb einer Verarbeitungstätigkeit datenschutzkonform zu erfolgen hat, sondern bereits bei der Entwicklung oder der Beschaffung von Komponenten der Verarbeitungstätigkeit Datenschutz mitzudenken ist. Beispielsweise ist bei einer Eigenentwicklung von Software darauf zu achten, dass entsprechende Sicherheitsgedanken bereits bei der Softwarekonzeption und deren Umsetzung mit einfließen. Bei Beschaffung von Software ist in den Ausschreibungsunterlagen aufzuführen, welchen Anforderungen die Software entsprechen muss, damit sie später auch datenschutzkonform betrieben werden kann. Sollte die Software von mehreren Instanzen genutzt werden, ist beispielsweise eine Mandantenfähigkeit der Software zu fordern.

- Art. 32 Abs. 1 DS-GVO: auch hier besteht die Anforderung zu einem Risiko basierten Vorgehen unter Berücksichtigung der Rahmenbedingungen der Verarbeitung und der Berücksichtigung des Standes der Technik und der Implementierungskosten. Erweitert werden diese Anforderungen in lit. d) um die Verpflichtung zur Implementierung einer zyklischen und standardisierten Vorgehensweise. Die Auswahl angemessener Sicherungsmaßnahmen zur Absicherung einer Verarbeitungstätigkeit ist nicht nur eine einmalige Tätigkeit, sondern ein laufender Prozess, um auch zukünftig eine angemessene Sicherheit aufrecht zu erhalten.

Zusammengefasst lassen sich aus den vier vorgenannten Artikeln die folgenden Anforderungen festhalten:

- angemessene Sicherheit der Verarbeitung zu gewährleisten
  - Berücksichtigung vom Stand der Technik,
  - der Implementierungskosten und
  - Art, Umfang, Umstände und Zwecke der Verarbeitung.
  - Verpflichtung zur risikobasierten Vorgehensweise
  - im Rahmen von Planung/Entwicklung und Betrieb und
  - Implementierung einer zyklischen und standardisierten Vorgehensweise.
- Dokumentation für Nachweisbarkeit und Prüfbarkeit.

Diese Anforderungen sind im Prozess zur Auswahl angemessener Sicherungsmaßnahmen (ZAWAS) berücksichtigt und er stellt eine praktische Handlungsanweisung für die Umsetzung des technisch-organisatorischen Datenschutzes dar.[1] Der Autor hat bei der Landesbeauftragten für den Datenschutz Niedersachsen diesen Prozess entwickelt und zeigt mit ihm den verantwortlichen Stellen ein methodisches Vorgehen auf, mit dem diese die für die Verarbeitungstätigkeiten angemessenen Sicherungsmaßnahmen auswählen können. Grundlage für die Darstellung des Prozesses ZAWAS in diesem Buch sind die Vortragsfolien, die die LfD auf ihrer Homepage veröffentlicht hat.[2] Es wird ausdrücklich auf diese Folien abgestellt, um die Vorgehensweise zu erläutern. Der Prozess ZAWAS hat sich etabliert und die Landesbeauftragte für den Datenschutz empfiehlt die Nutzung dieses Prozesses.[3]

Der Prozess beschreibt in acht Schritten eine ganzheitliche Methode, mit der die Anforderungen der DS-GVO zur Ermittlung der geeigneten technischen und organisatorischen Maßnahmen (TOM) ordnungsgemäß umgesetzt werden können. Das prozessbasierte methodische Vorgehen stellt sicher, dass die gefundenen Lösungen nachvollziehbar, belastbar und reproduzierbar sind sowie die Maßnahmen regelmäßig evaluiert werden. Der Verantwortliche kann diesen Prozess sowohl bei der Durchführung einer Datenschutz-Folgenabschätzung (DSFA) als auch bei der Absicherung einer „normalen" Verarbeitungstätigkeit nutzen.

Dieses methodische Vorgehen stellt sicher, dass die vorgenannten Anforderungen der DS-GVO bei der Maßnahmenauswahl berücksichtigt werden. Der Prozess ZAWAS berücksichtigt dabei die zentrale Forderung der DS-GVO zu einer risikoorientierten Vorgehensweise und implementiert eine zyklische und standardisierte

---

[1] Mierowski, Datenschutz-Praxis 03/2019, Seite 6 ff.

[2] Mierowski, S., LfD Niedersachsen, Handlungsempfehlung für Praktiker zum technisch-organisatorischen Datenschutz.

[3] Die Landesbeauftragte für den Datenschutz Niedersachsen, Tätigkeitsbericht 2019, S. 191 f.

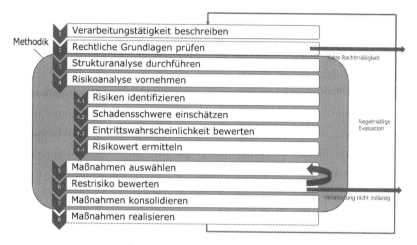

Abb. 3.1 Prozess ZAWAS[4]. (Quelle: Stefan Mierowski, LfD Niedersachsen)

Evaluierung. Eine regelmäßige Wiederholung oder ein anlassbezogener Durchlauf (beispielsweise bei einer Rechtsänderung oder einem Technologiesprung) dieses Prozesses stellen sicher, dass auch Änderungen der Verarbeitungstätigkeit berücksichtigt werden und eine Orientierung an den aktuellen technischen Möglichkeiten erfolgt. In Abb. 3.1 ist der Prozess zur Auswahl angemessener Sicherungsmaßnahmen (ZAWAS) dargestellt und anschließend werden die einzelnen Schritte beschrieben.

Dieser Prozess ist für kleine und große Institutionen, für Behörden und für Unternehmen geeignet. Er kann sowohl den Verantwortlichen bei der Einhaltung der datenschutzrechtlichen Bestimmungen unterstützen als auch den Datenschutzbeauftragten bei der Kontrolle darüber. In den folgenden neun Unterkapiteln wird dargestellt, wie die Anforderungen der DS-GVO umgesetzt werden können, um die angemessenen technischen und organisatorischen Maßnahmen zu erhalten.

---

[4]Der Prozess befindet sich zurzeit in der Evaluierungsphase, wird aber zwischenzeitlich in der erweiterten Form mit „regelmäßige Evaluierung" statt „PDCA-Zyklus" dargestellt, die auch hier verwendet wird

3.1 Verarbeitungstätigkeit beschreiben

Der Verantwortliche muss bei der Verarbeitung personenbezogener Daten sicherstellen, dass geeignete und wirksame Maßnahmen getroffen sind und die Verarbeitungstätigkeit im Einklang mit der DS-GVO steht.[5] Grundlage für die Ermittlung von geeigneten technischen und organisatorischen Maßnahmen und deren Nachvollziehbarkeit ist eine Beschreibung der Verarbeitungstätigkeit. Die Prüfung, insbesondere von komplexen Sachverhalten, ist nur bei einer guten Beschreibung möglich. Die Beschreibung sollte so detailliert erfolgen, dass sich die erforderlichen Begründungen oder Erklärungen hieraus ergeben und diese auch im Fall einer behördlichen Prüfung nachvollziehbar ist. Eine Aussage zu den folgenden Merkmalen ist für ein Verständnis der Verarbeitungstätigkeit erforderlich:

- Angabe der Zwecke der Verarbeitung:
  Das Ziel der Verarbeitung ist hier grob zu beschreiben, um einen ersten Überblick zu erhalten. Hier ist darzustellen, was mit der Verarbeitungstätigkeit erreicht werden soll, welchem Zweck die Durchführung dient. Der Zweck der Verarbeitung könnte beispielsweise eine Lohn- und Gehaltsabrechnung, eine Personaldatenverwaltung, eine Antragsverarbeitung (z. B. Einkommensteuerveranlagung) oder ein Bestellvorgang im Internet sein.
- Darstellung des Ablaufs der Verarbeitungstätigkeit:
  Es ist darzustellen, wer welches Ziel mit der Verarbeitungstätigkeit erreichen will und mit welchen Daten es erreicht werden soll. Eine Verarbeitungstätigkeit ist im Allgemeinen ein Geschäftsprozess auf geeignetem Abstraktionsniveau.[6] Ein Geschäftsprozess ist ein loser Zusammenhang von Teilprozessen, die auf eine Zielerreichung hin ausgerichtet sind. Er wird durch ein Ereignis ausgelöst, enthält oftmals einzelne Verarbeitungsschritte und am Ende wird ein Output erzeugt. Dieser Prozess kann in andere Prozesse eingegliedert sein oder als selbstständige Einheit bestehen. Der Geschäftsprozess ist auf geeignetem Abstraktionsniveau zu beschreiben, damit auch komplexe Sachverhalte anschaulich darstellt werden und die Beschreibung als Grundlage für eine Prüfung dienen kann. Für die Erstellung der Beschreibung können ggf. das Lastenheft oder die Verfahrensdokumentation für den Anwender mit herangezogen werden. Eine Darstellung der Datenflüsse kann diese Beschreibung unterstützen.

---

[5]EW 74, Satz 1+2.

[6]Hinweise zum Verzeichnis von Verarbeitungstätigkeiten, DSK-Papier, Februar 2018, Seite 1.

- Benennung der genutzten und erzeugten Daten:
  In einer Verarbeitungstätigkeit können unterschiedliche personenbezogene Daten verarbeitet und ggf. auch neue Daten erzeugt werden. Diese Daten sind zu benennen und einer Kategorie zuzuordnen. Es sind die Kategorien betroffener Personen, personenbezogener Daten und der Empfänger der Daten zu betrachten:

  - Bei den Kategorien betroffener Personen kann es sich beispielsweise um Kunden-, Lieferanten-, Schüler-, Beschäftigten-, Bürger- oder Patientendaten handeln.

  - Kategorien personenbezogener Daten können beispielsweise Name, Anschriften, Geburtsdatum, Telefonnummern, E-Mail-Adresse und Bankverbindung sein. Sofern es sich auch um Daten besonderer Kategorien handelt, ist hier gesondert darauf hinzuweisen.

  - Weiterhin sind die Empfänger der Daten oder die Kategorien der Empfänger der Daten zu benennen, denen gegen über diese offengelegt werden. Empfänger könnten beispielsweise Banken, Versicherungen, Behörden, Abrechnungsstellen oder ein sonstiges anderes Unternehmen sein.
  Ein Datenflussdiagramm kann diese Darstellung anschaulich unterstützen.

- Allgemeine Beschreibung der technischen Ausgestaltung:
  Die Art und der Umfang der automatisierten Datenverarbeitung einschließlich der Angabe, ob eigenentwickelte Software oder Fremdsoftware eingesetzt wird, ist hier überblicksartig darzustellen. Sofern eine Auftragsverarbeitung stattfindet ist diese zu benennen.

- Heranziehung des Verzeichnisses der Verarbeitungstätigkeiten:
  Oftmals wird in der Institution ein Verzeichnis von Verarbeitungstätigkeiten (Art. 30 DS-GVO) geführt, dass als wesentliche Grundlage für eine strukturierte Verfahrensdokumentation dient. Sofern vorhanden, kann es für die Beschreibung der Verarbeitungstätigkeit mit herangezogen werden. Außerdem kann es um die Dokumentation der Auswahl angemessener Sicherungsmaßnahmen entsprechend ergänzt werden, um den Dokumentationspflichten nach Art. 5 Abs. 2 DS-GVO zu genügen.

- Ggf. Abgrenzung der Verarbeitungstätigkeit:
  Sofern über den Umfang der Verarbeitungstätigkeit Zweifel bestehen könnten, kann durch eine entsprechende Abgrenzung gegenüber anderen Verarbeitungstätigkeiten Klarheit erzielt werden. Beispielsweise kann ein Personalmanagementverfahren die Verwaltung der Stammdaten, der Bewerbungsverfahren und die Zielvereinbarungen enthalten. Andernfalls könnte es auch nur ein oder zwei Bereiche davon umfassen. Dann ist aufzuführen, was nicht Gegenstand der betrachteten Verarbeitungstätigkeit ist.

- Ggf. Darstellung der Schnittstellen zu anderen Verarbeitungstätigkeiten:
  Für den Fall, dass es Berührungspunkte zu anderen Verarbeitungstätigkeiten
  gibt, sollten diese mit angeführt werden. Insbesondere sind hier die personenbezogenen Daten aufzuführen, die von anderen Verarbeitungstätigkeiten
  übernommen oder an diese zur Weiterverarbeitung übergeben werden.

3.2 Rechtliche Grundlagen prüfen

In diesem Schritt werden die rechtlichen Prüfungen zusammengefasst. Bei einigen
Prüfpunkten ist deren Erfüllung erforderlich, damit mit der weiteren Prüfung zur
Auswahl von angemessenen Sicherungsmaßnahmen fortgefahren werden kann.
Andere sind Grundlage für die konkrete Ausgestaltung der Maßnahmen. Die
folgenden Prüfungen sind vorzunehmen:

- Grundsatz der Rechtmäßigkeit:
  Die Verarbeitung personenbezogener Daten ist gemäß Art. 6 Abs. 1 DS-
  GVO nur rechtmäßig, wenn diese Daten mit informierter Einwilligung der
  betroffenen Person oder aufgrund einer sonstigen Rechtsgrundlage verarbeitet werden. Die Rechtsgrundlage ist zu überprüfen und zu benennen. Wenn
  keine Rechtsgrundlage vorliegt, darf die Verarbeitungstätigkeit nicht durchgeführt werden. Das Fehlen einer Rechtsgrundlage kann nicht durch Ergreifung
  von technischen und organisatorischen Maßnahmen geheilt werden.
  Sofern Daten besonderer Kategorien oder personenbezogene Daten über strafrechtliche Verurteilungen und Straftaten verarbeitet werden, sind entsprechend
  die einschlägigen Erlaubnistatbestände von Art. 9 DS-GVO oder von Art. 10
  DS-GVO mit zu beachten.
- Grundsatz der Zweckbindung:
  Der Zweck der Verarbeitung personenbezogener Daten (Art. 5 Abs. 1 lit. b
  DS-GVO) muss eindeutig und rechtmäßig sein sowie bereits vor Verarbeitungsbeginn festgelegt werden. Die Verarbeitungstätigkeit muss geeignet sein,
  um den Zweck erreichen zu können. Eine allgemeine Vorratsdatenspeicherung
  ist unrechtmäßig.
- Grundsatz der Datenminimierung:
  Dieser Grundsatz ergibt sich aus Art. 5 Abs. 1 lit. c DS-GVO. Für die
  Verarbeitung sind vorrangig Daten zu verwenden, die keinen Personenbezug aufweisen (Datenvermeidung). Sofern die Verarbeitung personenbezogener
  Daten erforderlich ist, ist deren Verwendung auf das notwendige Maß zu
  beschränken (Datensparsamkeit). Die verwendeten Daten müssen geeignet

sein, um den angestrebten Erfolg herbeizuführen. Sie dürfen nur so lange gespeichert werden, wie sie für die Zweckerreichung notwendig ist.

- Wahrung der Rechte Betroffener:
Die DS-GVO verpflichtet den Verantwortlichen alle Voraussetzungen für die Wahrung der Betroffenenrechte (Art. 12 – 22 DS-GVO) zu schaffen. Beispielsweise ist frühzeitig zu bestimmen, welche Informationen und Auskünfte an den Betroffenen zu erteilen sind und welche Rechte ihm zustehen. Der Betroffene soll insbesondere in die Lage versetzt werden, zu erkennen und nachzuvollziehen, ob, von wem und zu welchem Zweck personenbezogene Daten über ihn verarbeitet werden. Ihm soll die Ausübung dieser Rechte erleichtert werden.

- Erforderlichkeit einer Datenschutz-Folgenabschätzung (DSFA):
Die Erforderlichkeitsprüfung (= Schwellwertprüfung) ist in Art. 35 DS-GVO geregelt. Entsprechend dem risikobasierten Ansatz der DS-GVO ist eine DSFA nicht für alle Verarbeitungsvorgänge (entspricht der Verarbeitungtätigkeit) obligatorisch. Eine DSFA ist nur dann erforderlich, wenn die Verarbeitung „wahrscheinlich ein hohes Risiko für die Rechte und Freiheiten natürlicher Personen mit sich bringt". Ergibt sich aus der konkreten Gestaltung des Einzelfalls jedoch aus der Art, des Umfangs, der Umstände und der Zwecke der Verarbeitung ein voraussichtlich hohes Risiko, so ist die Durchführung einer DSFA erforderlich.

Die DSFA hat als Ziel, präventiv für Hochrisikoverfahren zu wirken und ist bereits vor Aufnahme der Verarbeitungtätigkeit durchzuführen. Bei der Einführung einer neuen Verarbeitungtätigkeit oder einer wesentlichen Änderung einer bestehenden Verarbeitungtätigkeit ist in einer Schwellwertanalyse zu prüfen, ob die Durchführung einer DSFA erforderlich ist. Im Rahmen dieser Analyse wird überprüft, ob die Verarbeitung personenbezogener Daten ein voraussichtlich hohes Risiko für die Rechte und Freiheiten natürlicher Personen zur Folge hat. Die folgende Prüfreihenfolge wird empfohlen:

1. Steht die Verarbeitungtätigkeit auf der von den Aufsichtsbehörden erstellten Listen nach Art. 35 Abs. 4 DS-GVO, der sog. Black-List oder Muss-Liste? Die Aufsichtsbehörden in Deutschland haben eine gemeinsame Liste für den nicht-öffentlichen Bereich veröffentlicht. Für den öffentlichen Bereich erstellen die Aufsichtsbehörden des Bundes und der Länder jeweils eine eigene Liste.

2. Liegt eines der in Art. 35 Abs. 3 DS-GVO bestimmten Regelbeispiele vor:
   a) persönliche Aspekte natürlicher Personen werden systematisch und umfassend bewertet,
   b) besondere Kategorien personenbezogener Daten werden umfangreich verarbeitet oder

c) öffentlich zugängliche Bereiche werden systematisch und umfangreich überwacht?

3. Sind Kriterien der Leitlinie der Art. 29-Gruppe[7] erfüllt? Ein voraussichtlich hohes Risiko liegt in der Regel vor, wenn mindestens zwei Kriterien der Leitlinie erfüllt sind. Dieses Risiko kann auch bereits dann vorliegen, wenn nur eines der Kriterien erfüllt ist:

1. „Bewerten oder Einstufen
2. Automatische Entscheidungsfindung mit Rechtswirkung oder ähnlich bedeutender Wirkung
3. Systematische Überwachung
4. Vertrauliche Daten oder höchst persönliche Daten
5. Datenverarbeitung im großen Umfang
6. Abgleichen oder Zusammenführen von Datensätzen
7. Daten zu schutzbedürftigen Betroffenen
8. Innovative Nutzung oder Anwendung neuer technologischer oder organisatorischer Lösungen
9. Die betroffenen Personen werden an der Ausübung eines Rechts oder der Nutzung einer Dienstleistung bzw. Durchführung eines Vertrages gehindert."[8]

Sobald einer der drei vorgenannten Punkte erfüllt ist, ist von einer Verarbeitungstätigkeit mit voraussichtlich hohem Risiko für die Rechte und Freiheiten natürlicher Personen auszugehen werden und eine DSFA durchzuführen.

Die Reihenfolge der einzelnen Prüfungsschritte ist in Abbildung 3.2 grafisch veranschaulicht. Diese gilt, sofern wie bisher keine White-List gem. Art. 35 Abs. 5 DS-GVO von den deutschen Aufsichtsbehörden erstellt wurde und noch keine Abschätzung im Rahmen eines Gesetzgebungsverfahrens i. S. d. Art. 35 Abs. 10 DS-GVO erfolgt ist.

Sofern ein voraussichtlich hohes Risiko festgestellt wird, ist eine DSFA vor Aufnahme der Verarbeitungstätigkeit durchzuführen. Diese kann gemäß der folgenden Prozessschritte 3 bis 8 erfolgen. Auch die Absicherung einer „normalen" Verarbeitungstätigkeit kann nach diesen Schritten durchgeführt werden. Der Hauptunterschied zu der Absicherung einer Verarbeitungstätigkeit für die

---

[7] Die „Artikel 29-Gruppe" ist der Vorgänger des Europäischen Datenschutzausschusses (EDSA). Der EDSA ist eine Einrichtung der Europäischen Union mit eigener Rechtspersönlichkeit. Er setzt sich aus den Leiterinnen und Leitern der Datenschutzaufsichtsbehörden der EU-Mitgliedstaaten und dem Europäischen Datenschutzbeauftragten zusammen. Die Kernaufgabe des EDSA ist die einheitliche Anwendung der DSGVO innerhalb der EU sicherzustellen.

[8] Working Paper der Art. 29 Gruppe, Seite 10 ff.

Abb. 3.2 Grafische Darstellung der Schwellwertprüfung. (Quelle: Eigene Darstellung)

keine DSFA erforderlich ist, liegt aus methodischer Sicht insbesondere im Erfordernis einer tiefergehenden Analyse, Risikobetrachtung und umfangreicheren Dokumentation. Für den Fall, dass unklar ist, ob eine DSFA erforderlich ist, wird die Durchführung eines DSFA empfohlen, weil den für die Verarbeitung Verantwortlichen damit ein hilfreiches Instrument für die Einhaltung der Datenschutzgesetze zur Verfügung steht.

- Ggf. Rechtmäßigkeit der Auftragsverarbeitung prüfen:
Der Verantwortliche kann sich für die Durchführung seiner Verarbeitungstätigkeit durch einen Auftragsverarbeiter unterstützen lassen. Ein Auftragsverarbeiter kann gem. Art. 4 Nr. 8 DS-GVO eine natürliche oder juristische Person oder sonstige Stelle sein, die im Auftrag des Verantwortlichen personenbezogenen Daten verarbeitet. Der Auftragsverarbeiter führt die Verarbeitung weisungsgebunden durch. Der Verantwortliche hat mit dem Auftragsverarbeiter einen Vertrag über diese Tätigkeit schriftlich oder in einem elektronischen Format zu schließen. Es ist sicherzustellen, dass eine Auftragsverarbeitung i. S. d. DS-GVO vorliegt. Die Gesamtverantwortung des Verantwortlichen für die Verarbeitungstätigkeit umfasst auch die Verarbeitung durch den Auftragsverarbeiter.

- Ggf. Rechtmäßigkeit der Übermittlung:
Sofern im Rahmen einer Verarbeitungstätigkeit personenbezogene Daten in ein Drittland übermittelt werden, ist vom Verantwortlichen und (sofern vorhanden) dem Auftragsverarbeiter sicherzustellen, dass das Schutzniveau der DS-GVO auch in diesem Staat eingehalten wird. Als Drittland gelten Staaten außerhalb der Europäischen Union (EU)/des Europäischen Wirtschaftsraums (EWR). Bei einer Datenübermittlung in ein Drittland sind die Voraussetzungen der Art. 44–50 DS-GVO zu prüfen.

3.3 Strukturanalyse durchführen

Ausgangspunkt der Prüfung ist die Verarbeitungstätigkeit, für die geeignete technische und organisatorische Maßnahmen zu ergreifen sind. Als Verarbeitungstätigkeit wird im Allgemeinen ein Geschäftsprozess auf geeignetem Abstraktionsniveau verstanden (s. Abschn. 3.1).

Bei der Betrachtung der Verarbeitungstätigkeit sind die folgenden Komponenten mit einzubeziehen:

• die personenbezogenen Daten,
• die beteiligten Systeme[9] und
• die beteiligten Dienste[10].

Die Aufgabe der Strukturanalyse ist die Darstellung der einzelnen Objekte der Verarbeitungstätigkeit. Der Schutzbedarf der Verarbeitungstätigkeit bestimmt grundsätzlich den Schutzbedarf der darunter befindlichen Objekte:

• Dienst: Als Dienst kann die Anwendungssoftware, die die Verarbeitungstätigkeit unterstützt, verstanden werden. Hierzu zählen beispielsweise Buchhaltungssysteme, Textverarbeitungs- oder E-Mail-Programme.
• System: Als Systeme gelten die IT-Systeme, die die Ausführung der Verarbeitungstätigkeit unterstützen. Es sind die Geräte zu berücksichtigen, auf denen die Anwendungssoftware läuft oder das Ergebnis ausgegeben wird. Dieses sind beispielsweise Server, Einzelplatz-PC, Laptop, Tablet und Drucker.
• Räume: Die Sicherheit der Systeme hängt auch von der Sicherheit der Räume ab, in denen die Systeme betrieben werden. Es sind auch die Gebäude mit zu betrachten, in denen sich die Räume befinden.
• Kommunikationsverbindungen: Die Netzverbindungen zwischen den Systemen und die Verbindungen der Systeme nach außen sind darzustellen.
• Daten: Der Schutzbedarf der personenbezogenen Daten und deren Kategorisierung spielt bei der Bewertung des Schutzbedarfs der Verarbeitungstätigkeit eine Rolle.
• Sofern es sich nicht um vollautomatisierte Prozesse handelt, werden Teile des Geschäftsprozesses von menschlichen Aufgabenträgern wahrgenommen. Die manuellen Prozessteile einschl. der daran beteiligten Personen sind mit zu berücksichtigen.

---

[9]Art. 32 Abs. 1 lit. b.
[10]Art. 32 Abs. 1 lit. b.

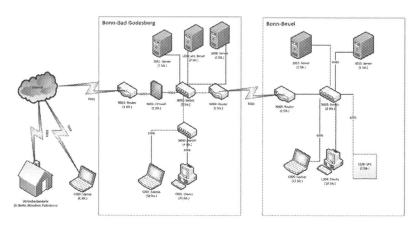

Abb. 3.3 Netzplan. (Quelle: BSI Standard 200–2, Seite 90)

Unter Zweckmäßigkeitserwägungen können gleiche Objekte zu einer Gruppe zusammengefasst betrachtet werden (z. B. Clients einer Fachanwendung). Um die Betrachtung zu erleichtern, kann auf bestehende Inventarverzeichnisse, Netzpläne[11] und andere (grafische) Übersichten zurückgegriffen werden. Ein Netzplan könnte wie in Abb. 3.3 gestaltet sein.

Im folgenden Schaubild wird die Strukturanalyse am Beispiel einer Antragsverarbeitung weiter erläutert. Bei der Verarbeitungstätigkeit bzw. dem Geschäftsprozess handelt es sich um einen vereinfacht dargestellten Ablauf einer Einkommensteuerveranlagung, die aus vier Teilschritten besteht.

Im ersten Schritt erstellt der Steuerbürger (Bürger) eine Einkommensteuererklärung (Antrag) und leitet den Antrag an das Finanzamt weiter. Der Antrag wird entgegengenommen und in einem zweiten Schritt im Finanzamt bearbeitet, nach Bearbeitung ausgedruckt und anschließend wird der Bescheid dem Bürger übersandt. Diese vier Prozessschritte stellen die Verarbeitungstätigkeit dar, die jetzt in der Strukturanalyse weiter untersucht wird und in Abb. 3.4 dargestellt ist.

Im zweiten Schritt bearbeitet der Bedienstete im Finanzamt die Einkommensteuererklärung (Antrag). Er ruft an seinem PC das Einkommensteuerfachprogramm ELFE[12] auf und führt die Veranlagung durch. Das Programm ELFE läuft auf einem zentralen Server und die erfassten Steuerdaten werden in einer

---

[11]Ein Netzplan stellt in einer grafischen Übersicht die eingesetzten Komponenten der Informations- und Kommunikationstechnik dar.

[12]ELFE – Einheitliche länderübergreifende Festsetzung.

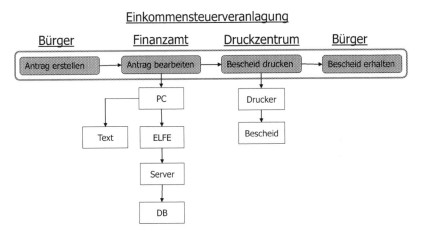

Abb. 3.4 Strukturanalyse am Beispiel einer Einkommensteuerveranlagung. (Quelle: Eigene Darstellung)

zentralen Datenbank (DB) abgelegt. Sofern der Bedienstete Änderungen gegenüber den erklärten Steuerdaten vornimmt, z. B. weil zu hohe Werbungskosten erklärt wurden, sind diese Änderungen dem Steuerbürger gegenüber zu erläutern. Diese Erläuterungstexte erstellt der Finanzamtsbedienstete mithilfe einer Textverarbeitungssoftware (Text) am PC. Alle Dienste, IT-Systeme und die Räume, in denen die Bearbeitung vorgenommen wird und in denen die IT-Systeme betrieben werden, sind in die Risikobetrachtung mit einzubeziehen.

Sobald die Bearbeitung beendet ist, wird der Bescheid mit den Anlagen, z. B. den Erläuterungstexten, im zentralen Druckzentrum der Steuerverwaltung an einem Hochleistungsdrucker ausgedruckt. Anschließend werden diese Unterlagen an den Steuerbürger (Bürger) übersandt. Die Verarbeitungstätigkeit ist beendet. Auch hier sind der Hochleistungsdrucker und der Raum, in dem der Drucker steht, in die Risikobetrachtung mit einzubeziehen.

3.4 Risikoanalyse vornehmen

Das Recht des Einzelnen über die Bekanntgabe und Nutzung seiner personenbezogenen Daten frei zu entscheiden, ist die Ausprägung des allgemeinen Persönlichkeitsrechts. In Art. 5 lit. f fordert die DS-GVO bei der Datenverarbeitung eine angemessene Sicherheit der personenbezogenen Daten zu gewährleisten.

Dieser Grundsatz der Verarbeitung personenbezogener Daten ist eine fundamentale Regelung, die allgemein und abstrakt eine angemessene Sicherheit fordert und einer weiteren Konkretisierung bedarf. Die DS-GVO benennt in Art. 24 Abs. 1, Art. 25 Abs. 1 und Art. 32 Abs. 1 Anforderungen und fordert u. a., dass Art, Umfang, Umstände und Zwecke der Verarbeitung sowie die Eintrittswahrscheinlichkeit und die Schwere des möglichen Schadens bei der Maßnahmenauswahl zu berücksichtigen sind. Die folgenden vier Teilschritte in den Unterkapiteln 3.4.1, 3.4.2, 3.4.3 und 3.4.4 berücksichtigen und systematisieren diese zentrale Forderung der DS-GVO zur risikoorientierten Vorgehensweise. Hinweis: Die Berücksichtigung vom Stand der Technik und der Implementierungskoten wird bei der Maßnahmenauswahl (Abschn. 3.5) dargestellt.

3.4.1 Risiko identifizieren

In einem ersten Schritt ist zu bestimmen, welche Ziele zu schützen sind. Hierzu bietet die Datenschutzkonferenz (DSK)[13] mit dem Standard-Datenschutzmodell (SDM) den Verantwortlichen in Wirtschaft und Verwaltung ein Konzept an, dass Anforderungen der DS-GVO an die zu schützenden Grundwerte in methodische Gewährleistungsziele transformiert. Die technischen und organisatorischen Maßnahmen sollen auf diese Struktur hin ausgerichtet sein, um diese Anforderungen der DS-GVO umzusetzen. Der Schutzbedarf der Verarbeitungstätigkeit bezieht sich auf diese sieben folgenden Gewährleistungsziele,[14] die in der folgenden Aufstellung komprimiert und vereinfacht dargestellt sind:

- Datenminimierung: Ist übergreifend, da sowohl bei Prüfung der rechtlichen Grundlagen (s. Abschn. 3.2) als auch bei der laufenden Sicherstellung zu berücksichtigen. Sie konkretisiert und operationalisiert den Grundsatz der Erforderlichkeit, der von diesem Prozess insgesamt wie auch von jedem seiner Schritte verlangt, nicht mehr personenbezogene Daten zu erheben, zu verarbeiten und zu nutzen, als für das Erreichen des Verarbeitungszwecks notwendig sind.
- Vertraulichkeit: Es dürfen nur Befugte auf Verfahren und Daten zugreifen.
- Integrität: Systeme und Daten müssen in allen Phasen unversehrt, vollständig und aktuell bleiben.

---

[13]Die Datenschutzkonferenz (DSK) ist das Gremium der unabhängigen deutschen Datenschutzaufsichtsbehörden des Bundes und der Länder.

[14]Standard-Datenschutzmodell, Version 2.0b, Seite 9 ff.

- Verfügbarkeit: Verfahren und Daten müssen Berechtigten, Nutzern und Kontrolleuren zeitgerecht zur Verfügung stehen und eine ordnungsgemäße Verarbeitung gewährleisten.
- Transparenz: Die Verarbeitung personenbezogener Daten muss vom Betroffenen mit zumutbarem Aufwand nachvollzogen, überprüft und bewertet werden können.
- Nichtverkettung: Personenbezogene Daten dürfen grundsätzlich nicht für einen anderen als den ausgewiesenen Zweck verarbeitet werden.
- Intervenierbarkeit: Verarbeitungstätigkeiten sind so zu gestalten, dass sie den Betroffenen die Ausübung der ihnen zustehenden Rechte wirksam ermöglichen.

Die Anforderungen an die zu schützenden Grundwerte sind über die gesamte DS-GVO verstreut und weisen einen unterschiedlichen Konkretisierungsgrad auf. Entsprechend ihrer beabsichtigten Wirkung und Zielrichtung werden diese Anforderungen im SDM systematisiert und den Gewährleistungszielen zugeordnet. Die sieben Gewährleistungsziele enthalten die folgenden Anforderungen der DS-GVO[15] und sind in Tab. 3.1 abgebildet.

Anschließend sind in einer Bedrohungs- und Schwachstellenanalyse die Gefährdungen zu ermitteln, die diese Gewährleistungsziele beeinträchtigen könnten. Der Detaillierungsgrad der Gefahrenanalyse sollte der Schutzbedürftigkeit der Verarbeitungstätigkeit angepasst werden. Eine gute systematisierte Übersicht über mögliche Gefährdungen gibt der IT-Grundschutz-Gefährdungskatalog (alt) des Bundesamts für Sicherheit in der Informationstechnik (BSI):

- höhere Gewalt (z. B. Feuer, Hochwasser, Blitzschlag, Staub, Sturm, …),
- organisatorische Mängel (z. B. fehlende/mangelhafte Zuständigkeitsregelungen, unzureichende Dokumentation, fehlende Schulungen, …),
- menschliche Fehlhandlungen (z. B. Unwissenheit, Bequemlichkeit, Fahrlässigkeit, …),
- technisches Versagen (z. B. Stromausfall, Soft- oder Hardwareausfall, Ausfall oder Störung von Netzkomponenten, …) und
- vorsätzliche Handlungen (z. B. Manipulation von Geräten, Diebstahl, Vandalismus, Abhören, …).

Zusätzlich kann das aktuelle IT-Grundschutz-Kompendium des BSI herangezogen werden, dass zurzeit 47 elementare Gefährdungen enthält. In diesen Katalogen

---

[15]Standard-Datenschutzmodell, Version 2.0b, Seite 29 f.

Tab. 3.1 Darstellung der Gewährleistungsziele. (Quelle: Eigene Darstellung)

Gewährleistungsziel	Anforderung der DS-GVO
Datenminimierung	• Datenminimierung (Art. 5 Abs. 1 lit. c DS-GVO) • Speicherbegrenzung (Art. 5 Abs. 1 lit. e DS-GVO) • Datenschutzfreundliche Voreinstellungen (Art. 25 Abs. 2 DS-GVO)
Vertraulichkeit	• Vertraulichkeit (Art. 5 Abs. 1 lit. f, Art. 28 Abs. 3 lit. b, Art. 29, Art. 32 Abs. 1 lit. b, Art. 32 Abs. 4, Art. 38 Abs. 5 DS-GVO) • Belastbarkeit (Art. 32 Abs. 1 lit. b DS-GVO) • Behebung und Abmilderung von Datenschutzverletzungen (Art. 33 Abs. 3 lit. d, 34 Abs. 2 DS-GVO)
Integrität	• Richtigkeit (Art. 5 Abs. 1 lit. d DS-GVO) • Integrität (Art. 5 Abs. 1 lit. f, Art. 32 Abs. 1 lit. b DS-GVO) • Fehler- und Diskriminierungsfreiheit beim Profiling (Art. 22 Abs. 3, 4 i.V. m. EG 71) • Belastbarkeit (Art. 32 Abs. 1 lit. b DS-GVO) • Behebung und Abmilderung von Datenschutzverletzungen (Art. 33 Abs. 3 lit. d, 34 Abs. 2 DS-GVO) • Angemessene Überwachung der Verarbeitung (Art. 32, 33, 34 DS-GVO)
Verfügbarkeit	• Verfügbarkeit (Art. 32 Abs. 1 lit. b DS-GVO) • Belastbarkeit (Art. 32 Abs. 1 lit. b DS-GVO) • Wiederherstellbarkeit (Art. 32 Abs. 1 lit. b, lit. c DS-GVO) • Behebung und Abmilderung von Datenschutzverletzungen (Art. 33 Abs. 3 lit. d, 34 Abs. 2 DS-GVO)
Transparenz	• Transparenz für Betroffene (Art. 5 Abs. 1 lit a, Art. 12 Abs. 1 und 3 bis Art. 15, Art. 34 DS-GVO) • Rechenschafts- und Nachweisfähigkeit (Art. 5 Abs. 2, Art. 7 Abs. 1, Art. 24 Abs. 1, Art 28 Abs. 3 lit. a, Art. 30, Art. 33 Abs. 5, Art. 35, Art. 58 Abs. 1 lit. a und lit. e DS-GVO) • Angemessene Überwachung der Verarbeitung (Art. 32, 33, 34 DS-GVO) • Einwilligungsmanagement (Art. 4 Nr. 11, Art. 7 Abs. 4 DS-GVO)

(Fortsetzung)

werden die Gefährdungen der Grundwerte der Informationssicherheit dargestellt. Diese Darstellungen sind oftmals auch eine gute Grundlage für die Ermittlung der Gefährdungen im Datenschutz. Es sind dabei lediglich die Gefährdungen zu berücksichtigen, die die Verarbeitungstätigkeit konkret bedrohen. Dieses kann in Abhängigkeit einzelner Bereiche sehr unterschiedlich sein. Sofern eine Gefährdung für die verantwortliche Institution konkret besteht, ist diese in die Risikoliste

Tab. 3.1 (Fortsetzung)

Gewährleistungsziel	Anforderung der DS-GVO
Nichtverkettung	• Zweckbindung (Art. 5 Abs. 1 lit. b DS-GVO)
Intervenierbarkeit	• Unterstützung bei der Wahrnehmung von Betroffenenrechten (Art. 12 Abs. 2 DS-GVO) • Identifizierung und Authentifizierung (Art. 12 Abs. 6 DS-GVO) • Berichtigungsmöglichkeit von Daten (Art. 5 lit. d, Art. 16 DS-GVO) • Löschbarkeit von Daten (Art. 17 Abs. 1 DS-GVO) • Einschränkbarkeit der Verarbeitung von Daten (Art. 18 DS-GVO) • Datenübertragbarkeit (Art. 20 Abs. 1 DS-GVO) • Eingriffsmöglichkeit in Prozesse automatisierter Entscheidungen (Art. 22 Abs. 3 DS-GVO) • Datenschutzfreundliche Voreinstellungen (Art. 25 Abs. 2 DS-GVO) • Behebung und Abmilderung von Datenschutzverletzungen (Art. 33 Abs. 3 lit. d, 34 Abs. 2 DS-GVO) • Einwilligungsmanagement (Art. 4 Nr. 11, Art. 7 Abs. 4 DS-GVO) • Umsetzung aufsichtsbehördlicher Anordnungen (Art. 58 Abs. 2 lit. f und lit. j DS-GVO)

zu überführen und darzustellen. Zur Risikoidentifikation gehören die Risikobeschreibung samt Risikoquelle sowie das dazugehörige Gewährleistungsziel. Allerdings ist bei der Verwendung der beiden BSI-Werke zu berücksichtigen, dass lediglich die Schutzziele der Informationssicherheit Verfügbarkeit, Integrität und Vertraulichkeit abgesichert werden. Die vier anderen Gewährleistungsziele des Datenschutzes Datenminimierung, Transparenz, Nichtverkettung und Intervenierbarkeit sind hierbei mit hinzuzudenken.

Ein Risiko im Sinne von Art. 24, 25 und 32 DS-GVO besteht aus der Eintrittswahrscheinlichkeit und der Schwere des möglichen Schadens.[16] Weiterhin sind bei der Bewertung der Eintrittswahrscheinlichkeit und der Schwere des möglichen Schadens die Art, der Umfang, die Umstände und die Zwecke der Verarbeitung zu berücksichtigen.[17] Diese Rahmenbedingungen der Verarbeitung können wie folgt bei den beiden Risikodimensionen einfließen:

---

[16]Kurzpapier Nr. 18 der DSK, „Risiko für die Rechte und Freiheiten natürlicher Personen", Seite 1.

[17]EW 76 DS-GVO.

- Art der Verarbeitung:

  Hierzu kämen die folgenden Auslegungen in Betracht:

  a) Es könnte auf die unterschiedlichen Verarbeitungen i. S. d. Art. 4 Nr. 2 DS-GVO wie Erheben, Erfassen, Speichern, Übermittlung und Verändern, u. ä. abgestellt werden.

  b) Eine Unterscheidung könnte im Sinne der Datenkategorien verstanden werden, d. h. die Unterscheidung zwischen personenbezogenen Daten (Art. 6 DS-GVO) oder besondere Kategorien personenbezogener Daten gem. Art. 9 Abs. 1 DS-GVO (z. B. Gesundheitsdaten) und Daten, die sich auf eine besonders schützenswerte Person beziehen (Minderjährige).

  c) Die Unterscheidung zwischen einer elektronischen oder papierbasierten Verarbeitung.

  Die Unterscheidung sollte nach Alternative b) erfolgen, da hier die Qualität der Daten eine unterschiedliche Schutzanforderung zum Ziel hat und diese Unterscheidung bei der Bewertung der Schwere des möglichen Schadens einfließt. Eine Unterscheidung nach a) ist nicht angezeigt, da der Schutzbedarf der Verarbeitungstätigkeit unabhängig von dem einzelnen technischen Verarbeitungsschritt ist und diese grundsätzlich gleich zu schützen sind. Der Schutzbedarf einer Verarbeitungstätigkeit (c) sollte unabhängig von der Frage sein, in welchem Umfang Technik eingesetzt wird, da ein „mehr" an Technik nicht zwingend eine höhere Gefährdung beinhaltet.

- Der Umfang der Daten

  Er wird durch die Anzahl der insgesamt zu verarbeitenden Datensätze, die Häufigkeit der Verarbeitung der Daten und die Bandbreite der Daten (Anzahl der Daten zu einem Betroffenen in einem Datensatz) zu einer einzelnen Person bestimmt. Er kann Einfluss auf die Eintrittswahrscheinlichkeit haben.

- Umstände der Verarbeitung:

  Sie beschreiben die näheren Modalitäten der Datenverarbeitung, beispielsweise die Dauer der Verarbeitung, ob eine Datenerhebung beim Betroffenen oder einem Dritten erfolgt oder ob ein Auftragsverarbeiter einbezogen wird. Diese Umstände können in die Bewertung der Schwere des möglichen Schadens einfließen.

- Zwecke der Verarbeitung:

  Für die Bestimmung der Schwere des möglichen Schadens ist der Kontext entscheidend, in dem die personenbezogenen Daten verwandt werden. Beispielsweise ist es erheblich, ob die Anschriftendaten einer Person für eine Mitgliedsliste im Sportverein oder für die Erstellung einer Liste von V-Leuten des Verfassungsschutzes verwandt werden.

3.4.2 Schadensschwere einschätzen

In diesem Kapitel ist der Schaden zu ermitteln, der bei Eintritt des Risikos entstehen würde. In EW 75 wird die Schwere des möglichen Schadens für die Rechte und Freiheiten natürlicher Personen spezifiziert: er unterscheidet zwischen physischen, materiellen und immateriellen Schäden. Als mögliche Beeinträchtigungen werden u. a. Diskriminierung, Identitätsdiebstahl, finanzieller Verlust, Rufschädigung, der Verlust der Vertraulichkeit und ein körperlicher Schaden genannt, ohne dass diese Beeinträchtigungen den drei genannten Kategorien zugeordnet werden. Hierbei geht es grundsätzlich um eine qualitative Einschätzung und weniger um eine monetäre Bewertung.

Konkrete Aussagen zum Einstufen der Schwere eines möglichen Schadens sind in der DS-GVO nicht aufgeführt. In dem DSK-Kurzpapier[18] zu den Rechten und Freiheiten natürlicher Personen werden für die Schwere des möglichen Schadens vier Abstufungen genannt, die Grundlage für die weitere Einschätzung sind: geringfügig, überschaubar, substantiell und groß.[19]

Von den vier in der DS-GVO genannten Rahmenbedingungen beeinflussen mindestens die drei folgenden die Ermittlung der Schadensschwere (s. Abschn. 3.4.1) und sind bei der Einschätzung mit zu berücksichtigen:

• Art der Verarbeitung,
• Umstände der Verarbeitung und
• Zwecke der Verarbeitung.

Da die Abstufungen der Schwere eines möglichen Schadens im Kurzpapier Nr. 18 zwar benannt aber nicht weiter definiert sind, kann für die Bestimmung dieser Abstufungen auf das (fortgeschriebene) niedersächsische Schutzstufenkonzept zurückgegriffen werden (Stand Oktober 2018), dass in Tab. 3.2 veranschaulicht wird. Mit der Beschreibung der einzelnen Schutzstufen, angereichert um konkrete Beispiele, leistet es einen wertvollen Beitrag zur Einschätzung der Schwere des möglichen Schadens.

Eine Zuordnung der Beispielsfälle in die Abstufungen kann in Einzelfällen aufgrund besonderer Umstände abweichen.

---

[18]Die DSK veröffentlicht seit Juli 2017 Kurzpapiere, die einheitliche Sichtweisen zu verschiedenen Kernthemen enthalten, um den Betroffenen und Verantwortlichen Auslegungshilfen zur DS-GVO zu geben. Diese Papiere enthalten einen groben Anriss der Grundsatzthematik, jedoch keine konkrete Anleitung zur konzeptionellen Umsetzung.

[19]Kurzpapier Nr. 18 der DSK, „Risiko für die Rechte und Freiheiten natürlicher Personen", Seite 4.

Tab. 3.2 Übertragung der Schwere des möglichen Schadens auf das niedersächsische Schutzstufenkonzept. (Quelle: LfD Niedersachsen[a])

Schutzstufe	Personenbezogene Daten,	Zum Beispiel	Schwere eines möglichen Schadens
A	die von den Betroffenen **frei zugänglich** gemacht wurden	Telefonverzeichnis, Wahlvorschlagsverzeichnisse, eigene freizugänglich gemachte Webseite; frei zugängliche soziale Medien	Geringfügig
B	deren unsachgemäße Handhabung zwar **keine besondere Beeinträchtigung** erwarten lässt, die aber von den Betroffenen **nicht frei zugänglich** gemacht wurden	beschränkt zugängliche öffentliche Dateien, Verteiler für Unterlagen, Grundbucheinsicht; nicht frei zugängliche soziale Medien	
C	deren unsachgemäße Handhabung den Betroffenen in **seiner gesellschaftlichen Stellung oder in seinen wirtschaftlichen Verhältnissen** beeinträchtigen könnte („Ansehen")	Einkommen, Grundsteuer, Ordnungswidrigkeiten	Überschaubar
D	deren unsachgemäße Handhabung den Betroffenen in seiner gesellschaftlichen Stellung oder in **seinen wirtschaftlichen Verhältnissen** erheblich beeinträchtigen könnte („Existenz")	Anstaltsunterbringung, Straffälligkeit, dienstliche Beurteilungen, Arbeitszeugnisse, Gesundheitsdaten, Schulden, Pfändungen, Sozialdaten, Daten besonderer Kategorien nach Art. 9 DS-GVO	Substantiell
E	deren unsachgemäße Handhabung **Gesundheit, Leben oder Freiheit** des Betroffenen beeinträchtigen könnte	Daten über Personen, die mögliche Opfer einer strafbaren Handlung sein können, Zeugenschutzprogramm	Groß

[a] Schutzstufenkonzept der LfD Niedersachsen, 2018

3.4.3 Eintrittswahrscheinlichkeit bewerten

Auch bei der Ermittlung der Eintrittswahrscheinlichkeit gibt es keine Regelung in der DS-GVO zur Einstufung, sodass auf die vier Abstufungen des Kurzpapieres zu den Rechten und Freiheiten natürlicher Personen abgestellt werden kann.[20] Da das Kurzpapier Nr. 18 die Abstufungen nicht weiter beschreibt, könnten diese Abstufungen wie folgt „übersetzt" werden:

* geringfügig (unwahrscheinlich, selten),
* überschaubar (möglich, gelegentlich),
* substantiell (wahrscheinlich, häufig) und
* groß (sehr wahrscheinlich, sehr häufig).

Die Eintrittswahrscheinlichkeit ist in der Regel auf Basis von Erfahrungswerten einzuschätzen. Zusätzlich können die folgenden Kriterien zum Einstufen der Eintrittswahrscheinlichkeit mit herangezogen werden:

* Je größer der Umfang der Verarbeitung (Abschn. 3.4.1) ist, desto höher kann die Eintrittswahrscheinlichkeit des Risikos angenommen werden. Beispielsweise ist die Verarbeitung einer großen Anzahl von Datensätzen fehleranfälliger als die mit einer geringen Anzahl von Datensätzen.
* Je ausgeprägter die Präsenz einer Gefährdungslage ist, desto eher kann von einer erhöhten Wahrscheinlichkeit ausgegangen werden.
* Zur Bestimmung der Eintrittswahrscheinlichkeit können statistische Angaben von Herstellern zur Verfügbarkeit von IT-Komponenten (z. B. zum Ausfall von Servern) oder Umfrageergebnisse aus Studien oder von Verbänden (z. B. eine Krankenstatistik für die Einschätzung von Personalausfall) herangezogen werden.
* Das Missbrauchsinteresse eines Schädigers steigt mit der Höhe der erhofften Bereicherung.
* Mit steigendem Aufwand, um den Schaden herbeizuführen, verringert sich die Wahrscheinlichkeit dessen Realisierung.
* Je höher die Wahrscheinlichkeit eingeschätzt wird, beim Missbrauch entdeckt zu werden, desto geringer ist der Eintritt dieses Risikos anzunehmen.

---

[20]Kurzpapier Nr. 18 der DSK, „Risiko für die Rechte und Freiheiten natürlicher Personen",
Seite 4.

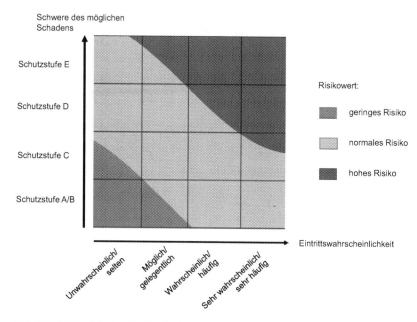

Abb. 3.5 Risiko-Matrix. (Quelle: In Anlehnung an das Kurzpapier Nr. 18 der DSK)

3.4.4 Risikowert ermitteln

Nachdem die Schwere des möglichen Schadens eingeschätzt und die Eintritts-wahrscheinlichkeit bewertet wurde, wird jetzt der Risikowert ermittelt. Der Risikowert kann in die drei Abstufungen geringes Risiko, normales Risiko und hohes Risiko unterteilt werden. Der Risikowert ergibt sich wie in Abschn. 3.4.1 dargestellt aus der Eintrittswahrscheinlichkeit und der Schwere des möglichen Schadens. In Anlehnung an das Kurzpapier Nr. 18 ist eine Risiko-Matrix in Abb. 3.5 dargestellt und der Risikowert kann entsprechend ermittelt werden.

Der Risikowert wird im Sinne eines Ausgangsrisikos bewertet, d. h. bevor technische und organisatorische Maßnahmen ergriffen werden. Die umgesetzten Maßnahmen verringern das Risiko der Verarbeitungstätigkeit und ergeben das verbleibende Restrisiko, dessen Bewertung in Abschn. 3.6 beschrieben wird.

Das Risiko und dessen Bewertung kann in einer Risikotabelle übersichtlich dargestellt und dokumentiert werden (die Punkte Nr. 9–13 sind im Vorgriff auf die Darstellung in den Abschn. 3.5, 3.6 und 3.7 bereits hier mit aufgeführt, da sie inhaltlich zueinander passen). Diese Tabelle könnte die folgenden Inhalte haben:

1. Risiko-Nummer/Risikokürzel, um auf das Risiko referenzieren zu können
2. Risikobenennung
3. Beschreibung des Risikos mit einer kurzen Szenario-Darstellung
4. Nennung des vom Risiko betroffenen Objekts
5. Nennung des möglichen Schadens des Betroffenen
6. Angabe der Gewährleistungsziele, die durch das Risiko beeinträchtigt werden könnten und Bewertung der Beeinträchtigung des jeweiligen Gewährleistungsziels hinsichtlich des möglichen Schadens vor Maßnahmenumsetzung und ggf. Begründung der Einstufung
7. Eintrittswahrscheinlichkeit vor Maßnahmenumsetzung
8. Risikowert vor Maßnahmenumsetzung
9. Kurzbezeichnung der Maßnahmen, um referenzieren zu können
10. Maßnahmenbeschreibung und deren Bezug zu dem Gewährleistungsziel
11. Eintrittswahrscheinlichkeit nach Maßnahmenumsetzung; in der Hauptsache werden die Maßnahmen eine Verringerung der Eintrittswahrscheinlichkeit zur Folge haben; sofern eine Reduzierung der Schwere des möglichen Schadens erreicht wird, ist unter in der Begründung unter Nr. 13 darauf hinzuweisen
12. Bewertung des verbleibenden Restrisikos
13. Ggf. Begründung des Restrisikos, warum der Risikowert übernommen werden kann oder sofern sich die Verringerung der Eintrittswahrscheinlichkeit nicht aus der Maßnahmenbeschreibung ergibt; ggf. Hinweis zum Wert, wenn sich die Schwere des möglichen Schadens zu einem Gewährleistungsziel verringert.

3.5 Maßnahmen auswählen

Bei der Auswahl der Maßnahmen sind neben dem Risikowert (Ermittlung s. Abschn. 3.4) gem. Art. 25 Abs. 1 und Art. 32 Abs. 1 DS-GVO auch der Stand der Technik und die Implementierungskosten zu berücksichtigen. Es gilt grundsätzlich: je höher der Risikowert ist, desto höherwertig müssen die zu ergreifenden Maßnahmen sein.

Das Bundesverfassungsgericht hat in seinem Kalkar-Urteil bereits in 1978 folgendes festgestellt: „Bei der Formel vom Stand der Technik gestaltet sich die Feststellung und Beurteilung der maßgeblichen Tatsachen für Behörden und Gerichte allerdings schwieriger. Sie müssen in die Meinungsstreitigkeiten der

Techniker eintreten, um zu ermitteln, was technisch notwendig, geeignet und vermeidbar ist."[21] Nachfolgend wird ausgeführt: „§ 7 Abs. 2 Nr. 3 AtomG geht schließlich noch einen Schritt weiter, indem er auf den Stand der Wissenschaft und Technik abstellt."[22] Aus technischer Sicht wird der Stand der Technik im IT-Sicherheitsgesetz wie folgt beschrieben: „Stand der Technik ist der Entwicklungsstand fortschrittlicher Verfahren, Einrichtungen oder Betriebsweisen, der die praktische Eignung einer Maßnahme zum Schutz der Funktionalität von informationstechnischen Systemen, Komponenten oder Prozessen gegen Beeinträchtigungen der Verfügbarkeit, Integrität, Authentizität und Vertraulichkeit gesichert erscheinen lässt."[23]

Zusammengefasst heißt das, dass der Stand der Technik in einer Dreistufigkeit wie folgt eingeordnet werden kann:

• Stand der Wissenschaft und Technik,
• Stand der Technik und
• anerkannte Regeln der Technik.

Diese Dreistufigkeit kann mit der Entwicklung in der Automobilindustrie verglichen werden. Der Stand der Wissenschaft und Technik entspricht einem Prototyp/Erlkönig, der noch in der Forschung erprobt wird und noch nicht in den Verkauf gegeben wurde. Der Stand der Technik ist wie ein Fahrzeug der Luxusklasse, in dem die neusten und besten technischen Features eingebaut wurden und der sich im Verkauf befindet. Die anerkannten Regeln der Technik, dass was am gebräuchlichsten ist und standardmäßig in den Einsatz kommt, umfasst bei den Fahrzeugen die Spanne der oberen Mittelklasse bis hin zu den Kleinwagen, die überwiegend im Straßenverkehr anzutreffen sind.

Der Stand der Technik ist die „bestmögliche am Markt verfügbare Technik".[24] Er ist bei der Entscheidung über die Maßnahmen zu berücksichtigen, aber nicht zwingend umzusetzen. Diese Entscheidung ist unter Berücksichtigung des Risikowertes und der Implementierungskosten abzuwägen.

Die Implementierungskosten können als drittes Auswahlkriterium auch ökonomische Aspekte mitberücksichtigen. Es können wirtschaftliche Überlegungen einfließen, ob die Kosten und das Risiko in einem angemessenen Verhältnis zueinanderstehen. Je höher das Risiko der Verarbeitungstätigkeit eingestuft wird, desto

---

[21]BVerfG, Beschluss vom 08.08.1978 – 2 BvL 8/77.
[22]ebd.
[23]Gesetzesbegründung zu § 8a BSIG, BT-Drucks. 18/4096, S. 26.
[24]Mierowski, S., Datenschutz-Praxis Ausgabe 03/2019, S. 8.

höhere Implementierungskosten sind dem Verantwortlichen für die Umsetzung der technischen und organisatorischen Maßnahmen wirtschaftlich zumutbar. Die Implementierungskosten können in einer Gesamtkostenbetrachtung berücksichtigt werden. Es können alle Kosten berücksichtigt werden, die für die Umsetzung der Maßnahme anfallen würden. Hierbei kann es sich um einmalige oder laufende Kosten handeln. Einmalige Kosten entstehen beispielsweise für die Anschaffung von Hardware, wie einen zusätzlich erforderlichen Server. Laufende Kosten können beispielsweise für jährliche Softwarelizenzen entstehen. Dabei ist es unerheblich, ob es sich um Personal- oder Sachkosten, um haushaltswirksame oder nicht-haushaltswirksame Kosten handelt. Auch der Zeitpunkt des Kostenanfalls ist dabei unerheblich, d. h. auch Kosten für die Erstellung eines Konzeptes oder die Planungsarbeiten sind genauso zu berücksichtigen wie die Betriebskosten.

Um die Suche nach geeigneten Maßnahmen zu unterstützen, kann auf bereits bestehende Fundstellen zurückgegriffen werden. Hierbei können auch Aufstellungen einbezogen werden, die ursprünglich für Zwecke der Informationssicherheit vorgesehen sind. Insbesondere die folgenden Fundstellen eigenen sich (Beispiele):

- Bereits in der DS-GVO sind einige Maßnahmen in Art. 32 Abs. 1 genannt, beispielsweise in Art. 32 Abs. 1 Verschlüsselung und Pseudonymisierung.
- Im Standard-Datenschutzmodell beschäftigt sich das Kapitel D1 mit generischen technischen und organisatorischen Maßnahmen. Typische Maßnahmen sind den jeweiligen Gewährleistungszielen zugeordnet und bilden eine gute Grundlage für die Ermittlung von datenschutzkonformen Maßnahmen.[25]
- Ergänzt und konkretisiert werden die generischen Maßnahmen des SDM durch den sog. Maßnahmenkatalog, der Bausteine mit Maßnahmen zur Erfüllung der datenschutzrechtlichen Anforderungen enthält. Hier sind die ersten Bausteine der Datenschutzkonferenz veröffentlicht und er wird laufend um neue Bausteine ergänzt und die bestehenden Bausteine werden fortgeschrieben. Es wird empfohlen, bei der Maßnahmenauswahl diese Bausteine zu berücksichtigen.[26]
- Das IT-Grundschutz-Kompendium enthält die IT-Grundschutz-Bausteine und löst die IT-Grundschutz-Kataloge sukzessive ab. Diese Bausteine beschreiben zu einem Aspekt mögliche Gefährdungen und die Anforderungen an die Informationssicherheit. Sie sind in die folgenden zehn Schichten aufgeteilt:
  - ISMS: Sicherheitsmanagement für den Informationsverbund

---

[25]Die Webseite des Landesbeauftragten für Datenschutz und Informationsfreiheit Mecklenburg-Vorpommern dient dem gemeinsamen Arbeitskreis „Technik" der DSK als zentrales Repository zur Veröffentlichung der aktuellen SDM-Version und der jeweiligen Bausteine.

[26]Ebd.

- ORP: organisatorische Regelung und Steuerung sowie Sicherheitsmaßnahmen der Personalabteilung
- CON: Konzeptionen und Vorgehensweisen, einschl. der Regelung zum Datenschutz
- OPS: Betrieb, einschl. IT-Administration, Protokollierung, Archivierung,
- DER: Detektion und Reaktion, u. a. Behandlung von Sicherheitsvorfällen, Audits und Revisionen
- APP: Anwendungen, wie beispielsweise Office-Produkte, Web-Browsern und Verzeichnisdienste
- SYS: IT-Systeme, wie Server, Clients, Laptops und Multifunktionsgeräte
- IND: Industrielle IT, für typische IT-Systeme in Produktionsumgebungen
- NET: Netzarchitektur und -management
- INF: Infrastruktur von Gebäuden, Rechenzentren, Verkabelung und Mobiler Arbeitsplatz.

- Sofern der jeweilige IT-Grundschutz-Katalog des BSI noch nicht durch das IT-Kompendium abgelöst wurde, kann er noch herangezogen werden.
- Die ISO 27001 enthält im Anhang generische Maßnahmen.
- Das BSI unterstützt die Erstellung von IT-Grundschutz-Profilen (z. B. für Reedereien und Kommunen). Diese Profile sind Muster-Sicherheitskonzepte im Bereich der Informationssicherheit, die als Schablone für vergleichbare Institutionen dienen können.
- Im Datenschutz gab es bereits vor der Gültigkeit der DS-GVO Anforderungen an die Einhaltung des technisch-organisatorischen Datenschutzes. Ggf. kann also auf vorhandene Maßnahmenaufstellungen der jeweiligen Institution zurückgegriffen werden. Zusätzlich können auch die eigenen Aufstellungen zur Einhaltung der Informationssicherheit mit herangezogen werden.

Bei den Anforderungen bzw. Maßnahmen des BSI und der ISO-Norm ist zu berücksichtigen, dass diese lediglich die drei Schutzziele der Informationssicherheit absichern. Die anderen vier Gewährleistungsziele sind hier mitzudenken, ob auch sie hierdurch abgesichert werden.

Der Verantwortliche kann die ausgewählten Maßnahmen in einem Katalog zusammenführen. Dieser Katalog sollte detaillierte Beschreibungen der zu treffenden technischen Maßnahmen enthalten und beschreiben, welche organisatorischen Regelungen für die sichere Einführung und den weiteren Betrieb der betrachteten Verarbeitungstätigkeit erforderlich sind.

3.6 Restrisiko bewerten

Das Restrisiko ist das Ausgangsrisiko, dass durch technische und organisatorische Maßnahmen vermindert wurde. Es ist zu betrachten und zu bewerten. Sofern das verbleibende Restrisiko angemessen durch technische und organisatorische Maßnahmen reduziert werden konnte, kann die Prüfung mit dem Schritt der Maßnahmenkonsolidierung (s. folgendes Kapitel) fortgesetzt werden. Soweit noch hohe Risiken bestehen oder das verbleibende Restrisiko aus anderen Gründen nicht übernommen werden kann, sind weitere Maßnahmen auszuwählen (s. Abschn. 3.5). Diese Prüfung ist solange durchzuführen, bis eine angemessene Risikoreduzierung erfolgt ist. Sollte keine angemessene Risikoreduktion erreicht werden können, darf die Verarbeitungstätigkeit nicht produktiv eingesetzt werden. Bestand eine Pflicht zur Durchführung einer DSFA für diese Verarbeitungstätigkeit und verbleibt ein hohes Risiko, so kann der Verantwortliche die zuständige Aufsichtsbehörde nach Art. 36 DS-GVO konsultieren.

Restrisiken, die sich aus der gewählten Lösung ergeben und nicht durch weitere technische oder organisatorische Sicherungsmaßnahmen reduziert werden können, sind ggf. zu beschreiben. Es ist ein Fazit zur Durchführbarkeit oder Nichtdurchführbarkeit des geplanten Verfahrens aus datenschutzrechtlicher Sicht zu ziehen.

3.7 Maßnahmen konsolidieren

Die ermittelten technischen und organisatorischen Maßnahmen sollten im Anschluss an deren Auswahl im Gesamtzusammenhang betrachtet und dahin gehend überprüft werden, ob Maßnahmen überflüssig sind. Einzelne Maßnahmen können überflüssig sein, wenn andere Maßnahmen einen mindestens gleichwertigen Schutz des jeweiligen Ziels bewirken. Dieses ist beispielsweise der Fall, wenn die erste betrachtete Maßnahme eine Verlängerung des Passworts beinhaltet und die zweite Maßnahme eine Authentifizierung über eine 2-Faktor-Authentifizierung vorsieht. Durch die zweite höherwertige Maßnahme kann die erste Maßnahme entfallen. Weiterhin ist zu prüfen, ob einzelne Maßnahmen noch weiter zu konkretisieren und an die individuelle Gegebenheit der Institution anzupassen sind. Durch Streichen der überflüssigen und Konkretisieren der verbleibenden Maßnahmen kann der erforderliche finanzielle und personelle Realisierungsaufwand begrenzt werden. Hierdurch entsteht eine auf die jeweilige Institution zugeschnittene Liste.

3.8   Maßnahmen realisieren

Im Anschluss an die Maßnahmenkonsolidierung kann deren Umsetzung geplant und sie können in den folgenden Schritten realisiert werden:

- Die Aufgaben und Verantwortlichkeiten zuweisen.
- Eine Zeitplanung erstellen.
- Die Aufgaben priorisieren und deren Umsetzung dokumentieren:
  - sachlogische Zusammenhänge beachten,
  - vorrangig Maßnahmen mit Breitenwirkung und Maßnahmen für
  - Bereiche umsetzen, in denen viele Maßnahmen fehlen.
- Es ist ein Testkonzept zu erstellen, Testfälle sind zu protokollieren und ggf. sind Maßnahmen nachsteuern; die erfolgreiche Umsetzung in einem Review darstellen.
- Das Gesamtsicherheitskonzept der verantwortlichen Stelle fortschreiben.

Zur Maßnahmenüberwachung kann die unter Abschn. 3.4 angeführte „Bewertungstabelle" um die Controllingangaben ergänzt werden:

14. Zuständigkeit für die Maßnahmenumsetzung
15. Termin der Maßnahmenumsetzung
16. In Ampelfarben (rot/gelb/grün) kann der Umsetzungsstand dargestellt werden

Eine Verarbeitungstätigkeit darf erst nach Umsetzung der technischen und organisatorischen Maßnahmen durchgeführt werden. Dies gilt insbesondere für Verarbeitungstätigkeiten, die voraussichtlich ein hohes Risiko zur Folge haben.

3.9   Regelmäßige Evaluierung

Die DS-GVO verlangt in Art. 32 Abs. 1 lit. d ein Verfahren zur regelmäßigen Überprüfung, Bewertung und Evaluierung der ausgewählten Maßnahmen. Der Prozess ZAWAS beschreibt eine Vorgehensweise, anhand derer die verantwortlichen Stellen eine datenschutzkonforme Ermittlung von angemessenen technischen und organisatorischen Maßnahmen vornehmen können. Dabei handelt es sich nicht um einen einmaligen Vorgang, sondern um einen Prozess, der regelmäßig wiederholt werden muss. Hierdurch können mögliche Veränderungen bei der Verarbeitungstätigkeit erkannt und berücksichtigt werden, sowie eine Orientierung an den aktuellen technischen Möglichkeiten erfolgen.

Prüfung der Übertragbarkeit des Prozesses ZAWAS auf die Informationssicherheit

4

In diesem Kapitel wird die Übertragbarkeit der im vorangegangen Kap. 3 dargestellten Vorgehensweise des Prozesses ZAWAS auf die Informationssicherheit geprüft.[1] In den folgenden neun Unterkapiteln werden die Voraussetzungen und Anforderungen betrachtet, die für bzw. an die Informationssicherheit gestellt werden. Es werden für diese Unterkapitel die gleichen Überschriften wie in Abschn. 3.1 bis 3.9 gewählt, um die Vergleichbarkeit der Prüfungen zu erleichtern.

4.1 Verarbeitungstätigkeit beschreiben

Im IT-Grundschutz gilt das IT-Sicherheitskonzept für einen Informationsverbund. Dieser Informationsverbund muss nicht die gesamte Institution umfassen, sondern kann auf Bereiche der Institution beschränkt werden (Scope). Beim Datenschutz ist immer die gesamte Institution zu betrachten. Bei einem Vorgehen nach dem Prozess ZAWAS ist es unerheblich, ob ein Teil oder die gesamte Institution betrachtet werden. Das erzielte Ergebnis gilt ausschließlich für den betrachteten Bereich.

Die Prüfung des Schutzbedarfs verschiedener Bereiche eines Informationsverbundes erfolgt im IT-Grundschutz auf Basis der Geschäftsprozesse.[2] Die Rahmenbedingungen der Geschäftsabläufe und der dort verarbeiteten Informationen sind als wesentliche Grundlage für die weitere Betrachtung im IT-Grundschutz

---

[1] Sofern es eine unterschiedliche Betrachtung der IT-Grundschutzmethodik und der ISO 27000 Familie gibt, wird darauf hingewiesen. Andernfalls wird allgemein von Informationssicherheit gesprochen.

[2] BSI-Standard 200-2, Kap. 3.2.1 und 8.2.3.

zu ermitteln. Zu Beginn der Betrachtung der Geschäftsprozesses ist ein grober Überblick über die Informationen und der genutzten Anwendungen und IT-Systeme erforderlich.[3] Die technische Ausgestaltung der Rahmenbedingungen ist zu beschreiben und ggf. die Beauftragung eines Dienstleisters zur Serviceerbringung i. S. v. Clouddiensten einzubeziehen. Die Nutzung einer bereits vorhanden Prozesslandkarte wird empfohlen.[4] Unter zur Hilfenahme dieser Landkarte kann die Verbindung zu Vorfahren und nachfolgenden Verfahren ermittelt werden und sie bildet die Grundlage für die Darstellung der Schnittstellen der Prozesse. Die Ermittlung der Art der Informationen ist dabei eine wesentliche Grundlage.[5] Es sind die Informationen zu kategorisieren. Dieses kann nach unterschiedlichen Kriterien erfolgen, beispielsweise in Abhängigkeit der Bedeutung der Daten für den Geschäftsprozess. Die Art der Informationen kann auch inhaltlich erfolgen, beispielsweise nach Patenten, Kundendaten, Verfahrensbeschreibungen oder Forschungsdaten.

Die ISO fordert die Kontextfestlegung u. a. für den Anwendungsbereich und die Grenzen bei der Risikobetrachtung.[6] Es sollten die Geschäftsprozesse, örtliche Gegebenheiten, Schnittstellen zu anderen Bereichen und Projekten beschrieben werden.[7]

4.2   Rechtliche Grundlagen prüfen

Mit der Einführung des Gesetzes zur Kontrolle und Transparenz im Unternehmensbereich (KonTraG) in Deutschland vom 30. April 1998 hat der Gesetzgeber das Risikomanagement zur Chefsache erklärt. Es handelt sich hierbei um ein Artikelgesetz, dass andere Gesetze ändert bzw. ergänzt. Diese Anforderungen an ein gesetzlich gefordertes Risikomanagement fand seine Fortführung durch das Gesetz zur Modernisierung des Bilanzrechts (BilMoG). Betroffen sind insbesondere die folgenden Gesetze:

---

[3]BSI-Standard 200-2, Kap. 3.2.1.
[4]BSI-Standard 200-2, Kap. 3.2.1.
[5]BSI-Standard 200-2, Kap. 3.2.1.
[6]ISO/IEC 27005, Abschn. 7.1.
[7]Klipper, Information Security Risk Management, S. 63.

- § 91 Abs. AktG: Diese Neuregelung im Aktiengesetz verpflichtet den Vorstand einer AG zur Einführung eines Überwachungssystems, um existenzbedrohende Risiken frühzeitig erkennen zu können.[8]
- § 43 Abs. 1 GmbHG: Durch diese Regelung im Gesetz betreffend die Gesellschaften mit beschränkter Haftung wird dem Geschäftsführer einer GmbH auferlegt, dass er die Sorgfaltspflicht eines ordentlichen Geschäftsmannes zu beachten hat. Dieses beinhaltet, dass auf den Geschäftsführer die gleichen Regelungen entsprechend dem AktG angewandt werden.[9]
- § 347 Abs. 1 HGB: Diese Regelung des Handelsgesetzbuches gilt für Einzelkaufleute und Personengesellschaften wie die OHG (Offene Handelsgesellschaft) und KG (Kommanditgesellschaft), die als ordentliche Kaufleute verpflichtet sind, die einschlägigen Gesetze einzuhalten und sich im Geschäftsverkehr auskennen müssen. Aus der allgemeinen gesellschaftsrechtlichen Verantwortung lässt sich die Pflicht zur Unternehmensführung ableiten und eine Pflicht zur Risikovorsorge begründen.

Weitere rechtliche Verpflichtungen ergeben sich aus (beispielhaft):

- BSI-Gesetz (BSIG): In diesem Gesetz werden dem BSI Aufgaben und Befugnisse eingeräumt, um die Sicherheit in der Informationsverarbeitung zur fördern. Insbesondere für die Bundesverwaltung kann das BSI maßgebliche technische Rahmenbedingungen zur Einhaltung der Informationssicherheit vorgeben.
- § 8a Abs. 1 BSIG: verpflichtet die Betreiber kritischer Infrastrukturen angemessene organisatorische und technische Vorkehrungen zur Vermeidung von Störungen der Verfügbarkeit, Integrität, Authentizität und Vertraulichkeit zu treffen.
- NIS-Richtlinie: hierbei handelt es sich um eine EU-Richtlinie zur Netzwerk- und Informationssicherheit aus 2016. Deutschland hat diese Richtlinie bereits in 2015 mit dem IT-Sicherheitsgesetz als Artikelgesetz (u. a. die Fortschreibung des BSIG) im Wesentlichen umgesetzt.
- MaRisk: Mit einem Rundschreiben zu den Mindestanforderungen an das Risikomanagement hat die Bundesanstalt für Finanzdienstleistungen die Kreditinstitute verpflichtet, ein Risikomanagementverfahren einzuführen.
- E-Government-Gesetze: Um die Kommunikation des Bürgers und der Unternehmen mit der Verwaltung zu verbessern, haben der Bund und die Länder

---

[8]Rüter, A. et al. (eds.), IT-Governance, S. 198.
[9]Bitkom, Leitfaden Compliance – Rechtliche Anforderungen an ITK-Unternehmen, S. 17.

eine Vielzahl der Länder E-Government-Gesetze verabschiedet. Beispielsweise sind in dem Niedersächsichen Gesetz über digitale Verwaltung und Informationssicherheit (NDIG) in den §§ 13 – 16 Regelungen zur Gewährleistung der Informationssicherheit enthalten.

- SOX: Bei dem Sarbanes–Oxley Act handelt es sich um ein US-Gesetz, dessen Umsetzung die Integrität, Vollständigkeit und Korrektheit der Daten für die Finanzberichterstattung sicherstellen soll. Hierzu ist der Aufbau eines internen Kontrollsystems notwendig.[10]

Darüber hinaus ist die Informationssicherheit durch regulatorische Anforderungen wie beispielsweise den IT-Grundschutz und den Anforderungen aus der ISO 27000-Familie bestimmt, sofern die Institution diese Anforderungen übernommen hat. Zusätzlich kann die jeweilige Institution in einem Informationssicherheitsmanagement eigene Regularien zur Einhaltung der Informationssicherheit festlegen. Sie kann beispielsweise Risikoakzeptanzkriterien festlegen, die im Einklang mit den Zielen und Vorgaben der Institution stehen. Die Durchführbarkeit eines Geschäftsprozesses unter Gesichtspunkten der Informationssicherheit ist oftmals nicht von einer vorliegenden Rechtsgrundlage abhängig, sondern überwiegend von der Wirtschaftlichkeit der Verarbeitungstätigkeit oder deren Bedeutung für die Institution.

Die ISO-Norm kennt die Durchführung von Risikoanalysen in unterschiedlichen Detaillierungsgraden, je nach Kritikalität des zu betrachtenden Objektes.[11] Wird bei Prüfungsbeginn eine hohe Bedeutung eines Geschäftsprozesses für das Unternehmen festgestellt, ist mit einer höheren Prüfungstiefe darauf zu reagieren.

Beim IT-Grundschutz wird im Rahmen der Schutzbedarfsfeststellung ermittelt, welcher Schutz für die Geschäftsprozesse angemessen ist.[12] Hierbei wird die Beeinträchtigung der Verfügbarkeit, der Integrität und der Vertraulichkeit betrachtet. BSI regt eine Einteilung in die drei Schutzbedarfskategorien „normal", „hoch" und „sehr hoch" an. Es wird die mögliche Schadensauswirkung bewertet.[13] Diese Ergebnisse bieten einen Anhaltspunkt für das weitere Vorgehen für die Ermittlung angemessener Sicherungsmaßnahmen. Bei einer festgestellten Schutzbedarfskategorie „normal" wird in der Regel davon ausgegangen, dass die Umsetzung der

---

[10]Rüter, A. et al. (eds.), IT-Governance, S. 199.
[11]ISO/IEC 27005, Abschn. 8.3.1.
[12]BSI-Standard 200-2, Kap. 8.
[13]BSI-Standard 200-2, Kap. 8.2.1.

Sicherheitsanforderungen aus dem IT-Grundschutz ausreichend ist. Sofern bei dieser Prüfung ein „hoher" oder „sehr hoher" Schutzbedarf für den Geschäftsprozess festgestellt wird, muss eine Risikoanalyse durchgeführt werden.[14]

4.3 Strukturanalyse durchführen

Im IT-Grundschutz ist eine Strukturanalyse durchzuführen, um das Zusammenspiel von den Anwendungen, den IT-Systemen, der organisatorischen und personellen Rahmenbedingungen, der Kommunikationsverbindungen und der vorhandenen Infrastruktur mit dem Geschäftsprozess zu analysieren. Diese Analyse ist für alle Geschäftsprozesse durchzuführen, unabhängig von ihrem Schutzbedarf.[15] Der ermittelte Schutzbedarf für den Geschäftsprozess wird auf die den Geschäftsprozess unterstützenden Objekte „vererbt", wie beispielsweise die IT-Anwendungen und die Server.[16]

Ausgangspunkt der Prüfung ist der Geschäftsprozess, für den der Schutzbedarf zu bestimmen ist. In Abhängigkeit von dessen Schutzbedarf und der dazu gehörigen Informationen sind die beteiligten Objekte zu schützen.[17] Als Grundlage für die weitere Prüfung in der Informationssicherheit sind die folgenden Objekte zu berücksichtigen[18]:

- Anwendungen und die damit zusammenhängenden Informationen[19]
- Netzverbindungen zwischen den IT-Systemen und die Kommunikationsverbindungen nach außen, z. B. ins Internet[20]
- IT-Systeme[21]
- alle Geräte, die die Geschäftsprozesse unterstützen[22]
- die Räume und Liegenschaften, in denen die Prozesse und Systeme betrieben werden[23].

---

[14]BSI-Standard 200-2, Kap. 8.2.9.

[15]BSI-Standard 200-2, Kap. 8.

[16]BSI-Standard 200-2, Kap. 8.2.2.

[17]BSI-Standard 200-2, Kap. 8.2.3.

[18]BSI-Standard 200-2, Kap. 8.1.

[19]BSI-Standard 200-2, Kap. 8.1.3.

[20]BSI-Standard 200-2, Kap. 8.1.4.

[21]BSI-Standard 200-2, Kap. 8.1.5.

[22]BSI-Standard 200-2, Kap. 8.1.7.

[23]BSI-Standard 200-2, Kap. 8.1.8.

Die ISO schreibt vor, dass bei der Risikoidentifikation die Vermögenswerte zu identifizieren sind, die bedroht sein könnten.[24] In Anhang B der ISO 27005 sind der Geschäftsprozess und die Information als Primärvermögen aufgeführt, die von weitern Vermögenswerten aller Art unterstützt werden. Als unterstützende Werte werden u. a. Hardware, Software, Netzwerke, Personal und die Räumlichkeiten genannt.

4.4 Risikoanalyse vornehmen

Zur Erreichung der Ziele des IT-Grundschutzes ist eine Risikoanalyse zu nutzen[25] und die ISO 27000 Familie verlangt die Anwendung eines Risikomanagementsystems zur Einhaltung der Informationssicherheit.[26] Die Vorgehensweise beim IT-Grundschutz ist als zweistufiges Verfahren konzipiert. Für typische Geschäftsprozesse mit normalem Schutzbedarf ist im Rahmen der IT-Grundschutz-Bausteine implizit eine Risikobetrachtung enthalten.[27] Deshalb ist grundsätzlich keine weitere Risikoanalyse für diese Geschäftsprozesse notwendig, sondern es können direkt die nach IT-Grundschutz vorgesehenen Anforderungen umgesetzt werden. Die Prüfung ist dann bei Schritt 5 „Maßnahmen auswählen" fortzusetzen. Eine Risikoanalyse ist jedoch durchzuführen, sofern ein Grundwert des Geschäftsprozesses mindestens einen hohen Schutzbedarf hat.[28]

Im IT-Grundschutz wird der komplette Prozess zur Beurteilung (Identifizieren, einschätzen und bewerten) und Behandlung von Risiken als Risikoanalyse bezeichnet.[29] In der ISO-Norm 27005 werden in der Risikoanalyse (Risk Analysis) die mögliche Schadensschwere, die Eintrittswahrscheinlichkeit und das Risikolevel abgeschätzt und es bildet einen Teil der Risikomanagements.[30] Der Begriff des Risikomanagements der ISO 27005 ist sehr umfassend und beginnt bei der Kontextfestlegung über Risikoanalyse, Risikobewertung, bis zur Risikokommunikation und Risikoüberwachung[31]. Im Prozess ZAWAS werden im Schritt

---

[24]ISO/IEC 27005, Abschn. 8.2.2.

[25]BSI-Standard 200-1, Kap. 8.1.

[26]DIN ISO/IEC 27001, Abschn. 0.1.

[27]BSI Standard 200-2, Kap. 8.5.

[28]BSI-Standard 200-1, Kap. 8.1.

[29]BSI-Standard 200-3, Kap. 1.3.

[30]ISO/IEC 27005, Abschn. 8.3.

[31]ISO/IEC 27005, Abschn. 6.

Risikoanalyse die Risikoidentifikation, Risikoabschätzung und Risikobewertung vorgenommen. Diese Inhalte werden sowohl vom IT-Grundschutz als auch von der ISO 27005 verlangt, wenn auch anders bezeichnet.

Die Abfolge der Aktivitäten des IT-Grundschutzes zur Erstellung einer Sicherheitskonzeption ist nicht zwingend nacheinander, sondern sie können in Abhängigkeit der Rahmenbedingungen unabhängig voneinander oder zeitgleich durchgeführt werden.[32] In jedem Baustein des IT-Grundschutz-Kompendium wird eine zu erwartende spezifische Gefährdungslage beschrieben. Dieses ist die erste Stufe für eine vereinfachte Risikoanalyse für typische Umgebungen und bildet die Grundlage für die Modellierung eines Informationsverbundes.[33]

Grundsätzlich sieht der IT-Grundschutz bei Durchführung der Risikoanalyse eine Bedrohungs- und Schwachstellenanalyse vor.[34] Kern beim IT-Grundschutz ist die Berücksichtigung von Schadensursachen, die bei Eintritt den Geschäftsprozess bezüglich der Verfügbarkeit, Integrität und Vertraulichkeit bedrohen.[35] Bedrohungen haben das Potenzial, den Geschäftsprozess beeinträchtigen zu können. Deshalb fordert die ISO die Bedrohungen zu identifizieren.[36] Eine Bedrohung verursacht dann einen Schaden, wenn sie eine Schwachstelle ausnutzt.[37] Wenn eine Bedrohung auf eine Schwachstelle wirkt, liegt eine Gefährdung vor. Diese Bedrohung ist im Rahmen einer Gefährdungsanalyse zu identifizieren.

Für die Informationssicherheit gelten drei Schutzziele (s. Abschn. 2.2.1 und 2.2.2) für die die folgenden Definitionen zugrunde gelegt werden:

- Vertraulichkeit: vertrauliche Informationen werden gegenüber Dritten nicht bekannt und nur Berechtigte haben Zugriff.
- Verfügbarkeit: dem Nutzer steht ein funktionierendes System zur Verfügung bzw. er kann auf die gewünschten Informationen zugreifen und dieses jeweils zu einem vom Nutzer gewählten Zeitraum.
- Integrität: die Daten bzw. die Informationen sind vollständig und unverändert.

Darüber hinaus sind bei einem möglichen Schadenseintritt die individuellen Gegebenheiten der betroffenen Institution zu berücksichtigen.[38] So kann ein absoluter

---

[32] BSI-Standard 200-2, Kap. 8.
[33] BSI-Standard 200-2, Kap. 8.3.1.
[34] BSI Standard 200-1, Kap. 8.1.
[35] BSI-Standard 200-1, Kap. 8.1.
[36] ISO/IEC 27005, Abschn. 8.2.3.
[37] ISO/IEC 27005, Abschn. 8.2.5.
[38] BSI-Standard 200-2, Kap. 8.2.1.

Verlust in Abhängigkeit der Größe der Institution bedeutsam sein oder auch nur einen geringen Schaden darstellen.

Im IT-Grundschutz wird die Höhe des Risikos in Abhängigkeit der Eintrittshäufigkeit der Gefährdung als auch von der Höhe des drohenden Schadens ermittelt.[39] Es kann sich hierbei um ein qualitatives oder quantitatives Risiko handeln. Zum Einstufen wird sowohl eine viertstufige Einteilung für die Eintrittshäufigkeit (selten/mittel/häufig/sehr häufig) und als auch für die Schadenshöhe (vernachlässigbar/begrenzt/beträchtlich/existenzbedrohend) empfohlen.

Ein Risiko wird von der ISO als „Auswirkung der Unsicherheit auf die Ziele" verstanden.[40] Der „Grad der Risikogröße" eines Risikos wird ausgedrückt als Kombination von Folgen und deren Wahrscheinlichkeit.[41] Bei den Folgen handelt es sich ein Ereignis, dass bei Eintritt eine Abweichung von dem erwarteten Ergebnis bedeutet und sowohl positiv als auch negativ sein kann. Eine Risikowertermittlung erfolgt nach der Schwere des möglichen Schadens und der Eintrittswahrscheinlichkeit.

4.5   Maßnahmen auswählen

Eine gesetzliche Grundlage der Informationssicherheit (s. Abschn. 4.2) schreibt § 8a Abs. 1. Satz 1 BSIG bei Kritischen Infrastrukturen vor, dass angemessene organisatorische und technische Maßnahmen zur Einhaltung der Sicherheitsziele getroffen werden müssen, die den Stand der Technik berücksichtigen. Die Bausteine des IT-Grundschutz bilden den Stand der Technik ab und dort wird beschrieben, wie mit geeigneten Maßnahmen der Stand der Technik erreicht werden kann. Beim IT-Grundschutz ist also der Stand der Technik bei der Maßnahmenauswahl mit zu berücksichtigen. BSI stellt fest, dass der Begriff „Stand der Technik" nicht allgemeingültig und abschließend definiert ist. Was unter diesem Begriff verstanden werden könne, „lässt sich zum Beispiel anhand existierender nationaler oder internationaler Standards oder anhand erfolgreich in der Praxis erprobter Vorbilder für den jeweiligen Bereich ermitteln". Die Durchführung eines Risikomanagements nach ISO 27005 würde somit diesem Stand entsprechen.

Bei der Risikobehandlungsstrategie des IT-Grundschutzes sind die Kosten für die Maßnahmen und das verbleibende Restrisiko ein wesentliches Entscheidungskriterium. Es ist der Gesamtaufwand für die Maßnahmenumsetzung im

---

[39]BSI-Standard 200-3, Kap. 5.1.
[40]ISO/IEC 27005, Abschn. 3.9.
[41]ISO/IEC 27005, Abschn. 3.6.

Verhältnis zum Nutzen zur Erreichung der Schutzziele ins Verhältnis zueinander zustellen. Sofern der Gesamtaufwand für wirksame Gegenmaßnahmen den zu schützenden Wert übersteigt, kann auf die Gegenmaßnahmen verzichtet und das Risiko akzeptiert werden. Auch die ISO-Normen sehen bei der Risikoakzeptanz vor, dass aus wirtschaftlichen Überlegungen heraus auf die Gegenmaßnahmen verzichtet werden kann. Die Berücksichtigung der Kosten für die Gegenmaßnahmen hat bei der Informationssicherheit gegenüber dem Datenschutz eine deutlich höhere Bedeutung und ist deswegen intensiv bei der Maßnahmenentscheidung zu berücksichtigen. Es geht bei der Kostenberücksichtigung immer um eine Gesamtkostenbetrachtung.

Die folgenden Optionen zur Behandlung von Risiken sieht der IT-Grundschutz vor:

- Risikovermeidung,
- Risikoreduzierung,
- Risikotransfer und
- Risikoakzeptanz.[42]

Je nach Risikoappetit der jeweiligen Institution gibt es unterschiedliche Risikoakzeptanzkriterien im IT-Grundschutz. Als Risikoappetit wird die durch kulturelle, interne, externe oder wirtschaftliche Einflüsse entstandene Neigung der Institution verstanden, wie diese Risiken bewertet werden und wie mit ihnen umzugehen ist.[43]

Die **Risikoreduzierung** beinhaltet die Modifizierung der Rahmenbedingungen, die zur Risikoeinstufung geführt haben. Das Risiko besteht aus der Schwere des möglichen Schadens und der Eintrittswahrscheinlichkeit. Deshalb kommen als Behandlungsmaßnahmen beim IT-Grundschutz die Reduzierung der Schwere des möglichen Schadens als auch die Verminderung der Eintrittswahrscheinlichkeit in Betracht. In der ISO gibt es die gleichen Arten der Risikobehandlung.[44] Um ein Datenschutzrisiko zu managen stehen nicht alle genannten Risikobehandlungsoptionen der Informationssicherheit zur Verfügung. Ein Risikotransfer und eine Risikoakzeptanz scheiden aus, weil es sich beim Datenschutz um eine Beeinträchtigung der Rechte und Freiheiten Dritter handelt. Dagegen hat eine Institution bei der Informationssicherheit die Möglichkeit, die Risiken, die ihren Geschäftsbetrieb bedrohen, durch Abschluss eines Versicherungsvertrages auf

---

[42]BSI-Standard 200-3, Kap. 6.1.

[43]BSI-Standard 200-3, Kap. 9.1.

[44]ISO/IEC 27005, Abschn. 9.

einen Dritten zu übertragen (**Risikotransfer**). Bei den Behandlungsoptionen wird die **Risikoakzeptanz** als Option verstanden, aus wirtschaftlichen Erwägungen heraus das Risiko ohne Abmilderung zu tragen, da beispielsweise die Kosten der Behandlungsmaßnahmen höher als der Schadenswert des Risikos wären. Die **Risikovermeidung** (durch Modifikation der Rahmenbedingungen oder unterlassen der risikobehafteten Aktivität) als auch die Risikoreduzierung sind Optionen, die auch im Datenschutz Verwendung finden.

Bei der IT-Grundschutz-Methodik wurde die Risikobetrachtung für Geschäftsprozesse mit einem normalen Schutzbedarf vorweggenommen (s. auch Abschn. 4.4) und vereinfacht auch die Maßnahmenauswahl. Die Risikoanalyse ist mit den jeweiligen Gefährdungen in die Bausteine des IT-Grundschutz-Kompendiums eingegangen. Die Anforderungen der Bausteine gliedern sich in die drei nachstehenden Kategorien: Basis- und Standard-Anforderungen als auch Anforderungen bei mindestens hohem Schutzbedarf. Bei Geschäftsprozessen mit normalem Schutzbedarf ist die Umsetzung der Basis- und der Standard-Anforderungen auseichend.[45] Die Anforderungen müssen nur berücksichtigt werden, sofern sie für den Geschäftsprozess relevant sind.[46] Der IT-Grundschutzsieht sieht auch eine schrittweise Umsetzung der Sicherheitsanforderungen vor. So können zuerst die zwingend erforderlichen Anforderungen (Basis-Absicherung) oder die vollständige Umsetzung der Anforderungen für bestimmte Bereiche (Kern-Absicherung) erfolgen.[47]

4.6   Restrisiko bewerten

Im Rahmen des IT-Grundschutz-Checks sind alle im Informationsverbund modellierten Bausteine in einem Soll-Ist-Vergleich zu prüfen, ob die Anforderungen entbehrlich oder durch die Bausteine erfüllt, teilweise erfüllt oder nicht erfüllt sind.[48] Sind bei einem Geschäftsprozess mit normalem Schutzbedarf alle in den betreffenden Bausteinen aufgeführten Anforderungen umgesetzt (sofern passend), so führt eine Restrisikobetrachtung grundsätzlich zu der Entscheidung, dass es sich um ein angemessenes Restrisiko handelt, das übernommen werden kann. Bei der Erstellung der Bausteine wurde bereits eine Risikobewertung für Bereiche mit normalem Schutzbedarf durchgeführt. Sofern für Bereiche mit normalem

---

[45]IT-Grundschutz-Kompendium, Abschn. 1.4.
[46]BSI-Standard 200-2, Kap. 8.4.2.
[47]BSI-Standard 200-2, Kap. 2.6.
[48]BSI-Standard 200-2, Kap. 8.4.2.

Schutzbedarf die Gefährdungen nicht hinreichend abgemildert sind oder Einsatzszenarien betrieben werden, für die der IT-Grundschutz keine Bausteine vorsieht, so muss eine Risikoanalyse durchgeführt werden.[49] Die Restrisikobetrachtung ist immer für Geschäftsprozesse, für die ein „hoher" oder „sehr hoher" Schutzbedarf festgestellt wurde, durchzuführen.

In der ISO ist nach Definition des Risikobehandlungsplans das verbleibende Restrisiko zu bestimmen. Sollte das Restrisiko nicht der Risikoakzeptanzkriterien der Institution entsprechen, sind weitere Maßnahmen zur Risikoreduzierung erforderlich.[50] Das verbleibende Restrisiko ist also immer darauf hin zu überprüfen, ob es aus Sicht der Organisation übernommen werden kann. Ggf. ist die Prüfung mehrfach zu durchlaufen, bis das gewünschte Ergebnis erzielt wurde.

4.7 Maßnahmen konsolidieren

Der IT-Grundschutz empfiehlt nach der Restrisikobetrachtung eine Konsolidierung des Sicherheitskonzepts. Die Maßnahmen sind darauf hin zu überprüfen, ob sie sich beispielsweise zur Abwehr der relevanten Gefährdungen eignen, entsprechend zusammenwirken und benutzerfreundlich sind.[51] Die Kommunikation und Beratung zu den Risiken ist eine Aktivität der ISO, um ein Verständnis der Organisation für das Risikomanagement zu erzielen. Ziel ist bei jeweiligen Interessenvertretern ein Verständnis dafür zu entwickeln, auf welcher Grundlage die Entscheidungen getroffen wurden und weshalb bestimmte Maßnahmen erforderlich sind. Die Kommunikation ist bidirektional.[52] Die Ergebnisse können dazu führen, dass die beschlossenen Maßnahmen konkreter auf die Institution angepasst werden.

4.8 Maßnahmen realisieren

In einem Realisierungsplan ist nachzuhalten, wer für die Umsetzung der ermittelten Maßnahme verantwortlich und bis wann sie vorzunehmen ist.[53] Diese

---

[49]BSI-Standard 200-2, Kap. 8.5.

[50]ISO/IEC 27005, Abschn. 9.1.

[51]BSI Standard 200-3, Kap. 7.

[52]ISO/IEC 27005, Abschn. 11.

[53]BSI-Standard 200-2, Kap. 10.1.3.

Festlegung ist Grundlage für das Controlling, um die Umsetzung der Maßnahmen zu überwachen und ggf. nachsteuern zu können. Die tatsächliche Umsetzung der ermittelten Maßnahmen und das entsprechende Controlling ist Bestandteil des Prozessschritts Umsetzung der Maßnahmen.

4.9 Regelmäßige Evaluierung

Die Schaffung von Informationssicherheit ist im IT-Grundschutz kein einmaliger, sondern ein kontinuierlicher Prozess, der auch die Prüfung der Wirksamkeit der einzelnen Maßnahmen beinhaltet.[54] Um das Niveau der Informationssicherheit aufrechtzuerhalten und zu verbessern ist regelmäßig zu prüfen, ob die ergriffenen Maßnahmen angemessen, wirksam und effizient sind.[55] Auch in der ISO ist die Wirksamkeit der Maßnahmen regelmäßig zu überprüfen.[56] Die Maßnahmen sind einerseits darauf hin zu überprüfen, ob alle Schwachstellen erkannt und beseitigt wurden und ob die Maßnahmen die beabsichtigte Wirkung zeigen. Die Praxistauglichkeit der Maßnahmen und organisatorischen Abläufe können hierdurch verbessert werden. Andererseits ist auf betrieblich, organisatorische oder gesetzliche Änderungen zu reagieren und die Maßnahmen sind ggf. zu verändern bzw. zu erweitern.

---

[54]BSI-Standard 200-1, Kap. 7.4.

[55]BSI-Standard 200-2, Kap. 2.6.

[56]ISO/IEC 27005, Abschn. 5.

Wie in den vorangegangenen Kapiteln dargestellt, gibt es Schnittmengen des Datenschutzes zur Informationssicherheit. Dies gilt bei der Informationssicherheit sowohl für den IT-Grundschutz als auch für die ISO 27000 Familie. Die Schutz- bzw. Gewährleistungsziele zur Verfügbarkeit, Integrität und Vertraulichkeit personenbezogenen Daten sind weitestgehend deckungsgleich. In der Abb. 5.1 werden die Schnittmenge und die Differenzmenge des Datenschutzes und der Informationssicherheit aufgezeigt.

Datenschutz hat den Schutz der Rechte und Freiheiten natürlicher Personen zum Ziel. Informationsmanagement schützt schwerpunktmäßig die Informationen eines Unternehmens, aber bezieht auch die Gewährleistung der informationellen Selbstbestimmung mit ein. Unterschiede ergeben sich für die zu betrachtenden Schutzziele bzw. Gewährleistungsziele, die beim Datenschutz zahlreicher sind. Die Anzahl der zu schützenden Ziele und deren Gegenstand hat keinen Einfluss auf die methodische Vorgehensweise zur Auswahl angemessener Sicherungsmaßnahmen. Der Vergleich der einzelnen Prozessschritte der beiden Disziplinen stellt sich wie folgt dar:

- Verarbeitungstätigkeit beschreiben
  Die Beschreibung des abzusichernden Geschäftsprozesses mit den entsprechenden Rahmenbedingungen ist für die Sicherstellung der Informationssicherheit ebenso bedeutsam wie für den Datenschutz. Ein genau beschriebener Geschäftsprozess ist Grundlage der Prüfung. Je besser er verstanden wird, desto konkreter und genauer wird das erzielte Ergebnis der Auswahl angemessener Sicherungsmaßnahmen sein.

© Der/die Autor(en), exklusiv lizenziert durch Springer Fachmedien Wiesbaden GmbH, ein Teil von Springer Nature 2021
S. Mierowski, *Datenschutz nach DS-GVO und Informationssicherheit gewährleisten*, essentials, https://doi.org/10.1007/978-3-658-33470-3_5

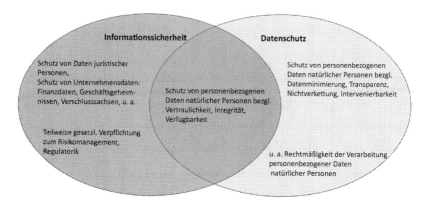

Abb. 5.1 Grafische Darstellung des Verhältnisses des Datenschutzes zur Informationssicherheit. (Quelle: Eigene Darstellung)

- Rechtliche Grundlagen prüfen
  Eine Prüfung der rechtlichen Grundlagen ist beim Datenschutz obligatorisch. Aber auch für die Informationssicherheit gibt es rechtliche Vorschriften, die zu berücksichtigen sind. Eine umfassende einheitliche gesetzliche Grundlage zur Durchführung der Maßnahmen zur Informationssicherheit liegt nicht vor. Vielmehr ergeben sich einzelne rechtliche Anforderungen zur Durchführung der Informationssicherheit aus unterschiedlichen Gesetzen mit unterschiedlichem Konkretisierungsgrad, die teilweise schon seit mehr als 20 Jahren gelten. Darüber hinaus ist die Informationssicherheit durch regulatorische Anforderungen geprägt. Beide Disziplinen fordern eine Betrachtung der rechtlichen Grundlagen bzw. die Informationssicherheit auch die Beachtung einer Vielzahl von regulatorischen Anforderungen.
  → Diese Überschrift im Prozess ZAWAS ist um „Regularien" zu ergänzen.
  Die Anforderung an eine höhere Prüfungstiefe bei einer hohen Bedeutung des Geschäftsprozesses für das Unternehmen in der Informationssicherheit entspricht dem Vorgehen beim Datenschutz. Die Einteilung beim IT-Grundschutz in einerseits Schutzbedarf „normal" und andererseits in Schutzbedarf „hoch" oder „sehr hoch" kann mit der Schwellwertprüfung einer DSFA verglichen werden. Hierbei entspricht ein Schutzbedarf „hoch" oder „sehr hoch" der Pflicht zur Durchführung einer DSFA.

- Strukturanalyse durchführen
  Eine Strukturanalyse ist gleichermaßen für den Datenschutz als auch für die Informationssicherheit geeignet. Ausgangspunkt der Betrachtung ist bei beiden Disziplinen der Geschäftsprozess. In Abhängigkeit der Kritikalität des Geschäftsprozesses und der Daten/Informationen sind die unterstützenden Objekte zu ermitteln, die dann die Risikoeigenschaft des Geschäftsprozesses „erben". Hierbei sind sowohl die organisatorischen als auch die IT-technischen und bautechnischen Infrastrukturen mit zu betrachten. Ein ggf. vorhandener Netzplan kann als grafische Übersicht genutzt werden. Beide Standards der Informationssicherheit fordern eine Strukturanalyse, wie sie im Prozess ZAWAS dargestellt wird. Es besteht bei der Durchführung der Strukturanalyse kein Unterschied zum Datenschutz.
  Das bietet den Vorteil, dass für beide Betrachtungen die gleiche Strukturanalyse genutzt werden kann. Ggf. muss diese auch nicht neu erstellt werden, sondern es kann die Übersicht, die für die Zwecke zur Überwachung der installierten Geräte (Netzplan) erstellt wurde, herangezogen und entsprechend erweitert werden.
- Risikoanalyse vornehmen
  Beim Datenschutz sind die Gewährleistungsziele und bei der Informationssicherheit die Schutzziele abzusichern. Von der Vorgehenssystematik ist die Anzahl und Definition der Ziele unerheblich, da methodisch alle jeweils geltenden Ziele bei der Betrachtung des konkreten Geschäftsprozesses abzusichern sind. Entscheidungen berühren meist mehrere Zielgrößen zwischen denen Abhängigkeiten bestehen und die auch im Konflikt zueinanderstehen können. Eine Entscheidung ist dann nur möglich, wenn die Zielgrößen zueinander abgewogen werden und eine Zielgröße zulasten einer anderen besser abschneidet.[1] Sowohl die Schutzziele als auch die Gewährleistungsziele können untereinander als auch miteinander in Zielkonkurrenz stehen. Eine Risikoanalyse ist grundsätzlich für beide Disziplinen erforderlich.
  Zur Erreichung der Ziele des IT-Grundschutzes ist eine Risikoanalyse zu nutzen und die ISO 27000 Familie verlangt die Anwendung eines Risikomanagementsystems zur Einhaltung der Informationssicherheit. Somit fordern beide Standards zur Gewährleistung der Informationssicherheit ein risikoorientiertes Vorgehen. Diese risikoorientierte Vorgehensweise wird auch vom Datenschutz gefordert und der Prozess ZAWAS hat seinen methodischen Schwerpunkt auf der Risikoanalyse.

---

[1] Laux et al. Entscheidungstheorie, 2018, Seite 7.

Beim IT-Grundschutz kann bei einem Geschäftsprozess mit normalem Schutzbedarf auf eine Risikoanalyse verzichtet werden, da diese bereits implizit in
den jeweiligen Bausteinen vorliegt.

→ Die bestehende Grafik des Prozess ZAWAS ist so zu ergänzen, dass beim
IT-Grundschutz bei einem Geschäftsprozess mit normalem Schutzbedarf eine
Risikoanalyse entbehrlich ist.

Die DS-GVO fordert Art, Umfang, Umstände und Zwecke der Verarbeitung
bei der Risikoermittlung zu berücksichtigen. Auch bei der Informationssicherheit können diese Faktoren Einfluss auf die Risikobewertung haben.
Sofern ein Zusammenhang der Art der Informationen mit der Bedeutung
des Geschäftsprozesses in Relation steht, kann dies Einfluss auf die Schwere
des möglichen Schadens nehmen. Dagegen kann der steigende Umfang der
Daten eines Datensatzes oder die zunehmende Anzahl einzelnen Datensätze zu einem erhöhten Interesse eines Schädigers führen und damit die
Eintrittswahrscheinlichkeit erhöhen.

- Maßnahmen auswählen
  Die ausgewählten Maßnahmen können sowohl zur Zielerreichung der Informationssicherheit als auch des Datenschutzes dienen. Für den Datenschutz
  stehen weniger Risikomanagementoptionen (Risikobehandlungsmethoden) zur
  Verfügung. Zur Sicherstellung der Informationssicherheit kommen zusätzlich
  der Risikotransfer und die Risikoakzeptanz in Betracht. Auf die methodische Vorgehensweise hat das keine Auswirkung. Das im Prozess ZAWAS
  für den Datenschutz enthaltene Risikomanagement ist entsprechend für die
  Behandlung von Risiken der Informationssicherheit vorzunehmen.
- Restrisiko bewerten
  Die Restrisikobetrachtung ist für beide Disziplinen notwendig und metho-
  disch gleichermaßen durchzuführen. Lediglich der Bewertungsmaßstab kann
  sich unterscheiden, weil bei der Informationssicherheit die Möglichkeiten der
  Risikoakzeptanz und des Risikotransfers bestehen.
- Maßnahmen konsolidieren
  Die Maßnahmenkonsolidierung sollte bei beiden Disziplinen durchgeführt
  werden.
- Maßnahmen realisieren
  Die ermittelten Maßnahmen sind in beiden Disziplinen umzusetzen. Beim
  Datenschutz kann ein Geschäftsprozess erst nach Maßnahmenumsetzung (insbesondere bei Geschäftsprozessen, für die eine DSFA durchzuführen ist)
  betrieben werden. Bei der Informationssicherheit besteht im Gegensatz dazu
  die Möglichkeit, bereits vor Umsetzung aller Maßnahmen mit dem Verfahrens-
  betrieb zu beginnen, sofern die Leitung der Institution diesem zustimmt und

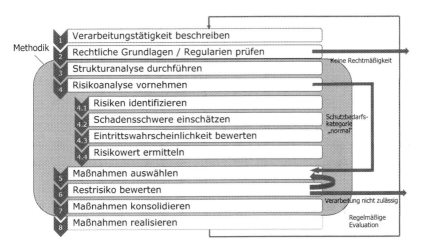

Abb. 5.2 Prozess ZAWAS 4.0. (Quelle: Eigene Darstellung auf Basis des Prozesses ZAWAS der LfD Niedersachsen, Stefan Mierowski)

die Bereitschaft besteht, die bisher nicht abgemilderten Risiken vorübergehend zu tragen.

• Regelmäßige Evaluierung
Die Aufrechterhaltung der Sicherheit ist niemals abgeschlossen. Die Informationssicherheit ist ebenso dauerhaft aufrecht zu erhalten und kontinuierlich zu verbessern wie der Datenschutz. Im Rahmen der regelmäßigen Evaluierung im Prozess ZAWAS werden die ausgewählten Maßnahmen überprüft, ob sie die gestellten Anforderungen noch erfüllen. Diese Überprüfung kann anlassbezogen bei einer Änderung der Verarbeitungstätigkeit oder der Umfeldfaktoren durchgeführt werden, um auf diese entsprechend zu reagieren. Durch regelmäßige Überprüfungen können bestehende Defizite vermieden oder Maßnahmen optimiert werden.

Aus den vorgenannten Feststellungen ergibt sich die folgende ergänzte Darstellung des Prozesses ZAWAS in Abb. 5.2, um ein einheitliches Vorgehen bei der Auswahl angemessener Sicherungsmaßnahmen zu beschreiben.

Zusammenfassung 6

Der Prozess ZAWAS 4.0 ist die Antwort der Informationssicherheit und des Datenschutzes auf die Digitalisierung. Dieser Prozess kann für die Auswahl der Sicherungsmaßnahmen sowohl für den Datenschutz als auch für die Informationssicherheit genutzt werden. Dieses gilt für die Informationssicherheit nach IT-Grundschutz als auch für die ISO 27000 Familie. Hierdurch kann ein einheitliches Vorgehen erlernt und die Prozessschritte (z. B. Strukturanalyse) der anderen Disziplin mit genutzt werden. Es lassen sich erhebliche Synergieeffekte heben, die einerseits zu einer ressourcenschonenderen Ermittlung der Maßnahmen führen und andererseits durch die Nutzung eines einheitlichen Verfahrens die Qualität der Ergebnisse steigern und somit zu einem verbesserten Niveau des Datenschutzes als auch der Informationssicherheit führen.

© Der/die Autor(en), exklusiv lizenziert durch Springer Fachmedien
Wiesbaden GmbH, ein Teil von Springer Nature 2021
S. Mierowski, *Datenschutz nach DS-GVO und Informationssicherheit
gewährleisten*, essentials, https://doi.org/10.1007/978-3-658-33470-3_6

Was können Sie aus diesem *essential* mitnehmen können

- Ausführliche Beschreibung des Prozesses zur Auswahl angemessener Sicherungsmaßnahmen (ZAWAS) für den Datenschutz
- Ein gemeinsames Vorgehensmodell für den Datenschutz und der Informationssicherheit zur Auswahl angemessener Sicherungsmaßnahmen auf Basis des Prozesses ZAWAS
- Darstellung des Verhältnisses des Datenschutzes zur Informationssicherheit

© Der/die Herausgeber bzw. der/die Autor(en), exklusiv lizenziert durch Springer Fachmedien Wiesbaden GmbH, ein Teil von Springer Nature 2021
S. Mierowski, *Datenschutz nach DS-GVO und Informationssicherheit gewährleisten*, essentials, https://doi.org/10.1007/978-3-658-33470-3

Literatur

Bitkom, Leitfaden Compliance – Rechtliche Anforderungen an ITK-Unternehmen, 2019

BSI Homepage zu „Kritische Infrastrukturen", https://www.bsi.bund.de/DE/Themen/KRI TIS/IT-SiG/Neuregelungen_KRITIS/B3S/b3s.html, abgerufen am 30.12.2020

BSI-Standard 200-1, Management für Informationssicherheit (ISMS), Version 1.0, 2017

BSI-Standard 200-2, IT-Grundschutz-Methodik, Version 1.0, 2017

BSI Standard 200-3, Risikoanalyse auf der Basis von IT-Grundschutz, Version 1.0, 2017

Digitalisierung gestalten – Umsetzungsstrategie der Bundesregierung, aktualisierte Ausgabe September 2019

Der Landesbeauftragte für den Datenschutz und die Informationsfreiheit Mecklenburg-Vorpommern, https://www.datenschutz-mv.de/datenschutz/datenschutzmodell/, zuletzt abgerufen am 01.02.2021

Die Landesbeauftragte für den Datenschutz Niedersachsen, 25. Tätigkeitsbericht 2019, https://lfd.niedersachsen.de/startseite/infothek/tatigkeitsberichte/2019/barbara-thiel-ste llt-tatigkeitsbericht-2019-vor-192121.html, zuletzt abgerufen am 31.01.2021

DIN ISO/IEC 27001:2017: Informationstechnik – Sicherungsverfahren – Informationssicherheitssysteme – Anforderungen

DSK-Entschließung „Stärkung des Datenschutzes in Europa – nationale Spielräume nutzen, 2016, https://www.datenschutzkonferenz-online.de/entschliessungen.html, zuletzt abgerufen am 30.12.2020

DSK-Entschließung „Göttinger Erklärung Vom Wert der des Datenschutzes in der digitalen Gesellschaft, 2017, https://www.datenschutzkonferenz-online.de/entschliessungen.html, zuletzt abgerufen am 30.12.2020

Hinweise zum Verzeichnis von Verarbeitungstätigkeiten, DSK-Papier, Februar 2018, https://www.datenschutzkonferenz-online.de/anwendungshinweise.html, zuletzt abgerufen am 30.12.2020

ISO/IEC 27000:2018 Information technology – Security techniques -Information security Management systems – Overview and vocabulary

ISO/IEC 27005:2011: Information technology – Security techniques – Information security risk management

IT-Grundschutz-Kompendium, BSI, 2020

Klipper, S., Information Security Risk Management, Springer, Wiesbaden, 2015, 2. Auflage

Koalitionsvertrag zwischen CDU, CSU und SPD – 18. Legislaturperiode, 2018

© Der/die Herausgeber bzw. der/die Autor(en), exklusiv lizenziert durch Springer Fachmedien Wiesbaden GmbH, ein Teil von Springer Nature 2021
S. Mierowski, *Datenschutz nach DS-GVO und Informationssicherheit gewährleisten*, essentials, https://doi.org/10.1007/978-3-658-33470-3

Kollmann, T., E-Business kompakt, Springer Gabler, Wiesbaden, 2019

Kurzpapier Nr. 18 der DSK, „Risiko für die Rechte und Freiheiten natürlicher Personen", https://www.datenschutzkonferenz-online.de/kurzpapiere.html, zuletzt abgerufen am 30.12.2020

Laux et al., Entscheidungstheorie, Springer Gabler, Berlin Heidelberg, 2018, 10. Auflage

Mierowski, S., Handlungsempfehlung für Praktiker zum technisch-organisatorischen Datenschutz – Der Prozess ZAWAS, LfD Niedersachsen, https://lfd.niedersachsen.de/starts eite/technik_und_organisation/orientierungshilfen_und_handlungsempfehlungen/zawas/praxisnahe-hilfe-zum-technisch-organisatorischen-datenschutz-173395.html, zuletzt abgerufen am 30.12.2020

Mierowski, S., Der Prozess ZAWAS – So wählen Sie angemessene Sicherungsmaßnahmen aus, Datenschutz-Praxis 03/2019

Rüter, A. et al. (eds.), IT-Governance, 2010

Schutzstufenkonzept der LfD Niedersachsen, 2018, https://lfd.niedersachsen.de/startseite/technik_und_organisation/schutzstufen/schutzstufen-56140.html, zuletzt abgerufen am 30.12.2020

Standard-Datenschutzmodell, Version 2.0b, 2020, https://www.datenschutzkonferenz-online.de/anwendungshinweise.html, zuletzt abgerufen am 30.12.2020

Wirtz, B., Electronic Business, Springer Gabler, Wiesbaden, 2016, 2. Auflage

Working Paper der Art. 29 Gruppe, https://www.datenschutzkonferenz-online.de/media/wp/20171004_wp248_rev01.pdf, zuletzt abgerufen am 10.12.2020

Printed in the United States
by Baker & Taylor Publisher Services